Kindler
Taschenbücher

Geist und Psyche

Fritz Stirnimann
Psychologie des
neugeborenen Kindes

2. Auflage

Kindler
Taschenbücher

2. Auflage
Kindler Verlag GmbH, München
Ungekürzte Ausgabe
Lizenzausgabe mit Genehmigung der Erben des Autors
Redaktion: L. Beier
Korrekturen: W. Mösch
Gesamtherstellung: Friedrich Pustet, Regensburg
Printed in Germany 1973
ISBN 3 463 18034 0

# INHALT

| | |
|---|---:|
| *Vorwort* | 7 |
| *1. Begriffsbestimmung* | 9 |
| *2. Methodik* | 13 |
| *3. Einteilung der Neugeborenenzeit* | 17 |
| *4. Reaktionen des Neugeborenen* | 21 |
| *5. Gesichtspunkte zur Beurteilung der Reaktionen* | 26 |
| *6. Die Reaktionen der Neugeborenen auf einzelne Sinnesreize (Das Rezeptor-Effektor-System)* | 33 |
| A. Die Hautsinne | 35 |
|    a) Berührungsempfindung | 36 |
|    b) Druckempfindung | 47 |
|    c) Wärme- und Kälteempfindungen | 50 |
|    d) Schmerzempfindungen | 54 |
| B. Der Geschmackssinn | 57 |
| C. Der Geruchssinn | 64 |
| D. Der Gehörsinn | 67 |
| E. Der Gesichtssinn | 73 |
| F. Statischer Sinn | 79 |
| *7. Die Gefühle* | 83 |
| *8. Das Gedächtnis* | 99 |
| *9. Die Triebe* | 103 |
| A. Der Trieb nach Luft | 105 |
| B. Der Trieb nach Nahrung | 106 |
| C. Der Bewegungstrieb | 114 |
| *10. Schlußfolgerungen* | 121 |
| *Literatur* | 134 |

Dem Andenken
an die beiden Ärzte,
die mich in die Kenntnis des Kindes
einführten,
*Prof. Dr. Oskar Wyß*
*Priv.-Doz. Dr. Wilhelm von Muralt*
Kinderspital Zürich,
in steter Dankbarkeit gewidmet

# VORWORT

1933 verfaßte ich ein kleines Buch: »Das erste Erleben des Kindes« (Verlag Huber, Frauenfeld). Es war in erster Linie an die Mütter und Schwestern gerichtet, um die Kinder ihrem Verständnis näherzubringen und sie darauf aufmerksam zu machen, wie die Erziehung schon in der frühesten Lebenszeit einzugreifen habe. Was ich damals mehr gefühlsmäßig aus meinen Beobachtungen niederschrieb, sollte aber noch wissenschaftlich gründlicher durchgearbeitet werden.

Dieser Pflicht komme ich mit dieser Arbeit nach. Ausgedehnte Versuchsreihen haben mir den Einblick in die Psyche des Neugeborenen erheblich erweitert. Durch ihre Zusammenstellung werden gewisse Grundfragen neu beleuchtet; dadurch erhalten sie eine gewisse Aktualität. Ich hoffe, daß in der Wiege nicht nur eine neue Generation liegt, sondern auch der Ausgangspunkt für die Anerkennung der individuellen Seele und ihrer über das rein Materielle hinausgehenden Auffassung.

*Luzern, Mai 1940*                          *F. Stirnimann*

# 1. BEGRIFFSBESTIMMUNG

# 1. BEGRIFFSBESTIMMUNG

Wenn man versucht, die *Psychologie des Neugeborenen* zu studieren, so muß man vorerst klarlegen, was man unter einem Neugeborenen und was man unter Psychologie versteht. Mögen diese *Definitionen* richtig oder unrichtig sein, mögen sie von den Forschern angenommen oder verworfen werden, ist von geringerer Bedeutung als die Klarheit, die dadurch gewonnen wird.

In der medizinischen Literatur besteht über die Definition des »Neugeborenen« keine einheitliche Auffassung. *Finkelstein* bezeichnet als neugeboren das Kind bis zu dem Augenblick, in dem die mit der Loslösung des kindlichen Organismus von der Mutter verknüpften Vorgänge endgültig abgeschlossen sind; als Dauer dieses Lebensabschnittes gibt er 14 Tage an. *Reuß* nimmt 10 Tage für die Neugeborenenperiode an. *Von Jaschke* vermeidet jede Definition des Neugeborenen und beschränkt sich auf diejenige der Reife. Als Kinderarzt möchte ich die Definition von Finkelstein als Richtlinie annehmen, wobei ich die Überhäutung des Nabels als das äußerlich sichtbare Zeichen betrachte. Ich bin mir aber bewußt, daß damit nicht gesagt ist, daß dieses äußere Zeichen, der Abschluß des kindlichen Körpers nach außen durch die Haut, mit dem Zeitpunkt zusammenfällt, in dem die Hormone, die das Kind von der Mutter erhielt, ihre Tätigkeit eingestellt haben.

Von den Psychologen haben *Pratt, Feldman* und *Gesell* die Neugeborenenzeit einfach dem ersten Lebensmonat gleichgesetzt, was aber m. E. gerade das Wesentliche nicht erfaßt. Zudem möchte ich darauf hinweisen, daß weder physiologisch noch psychologisch die Neugeborenenzeit einheitlich ist, sondern eine Aufeinanderfolge verschiedener Zustände umfaßt. Leider wurde darauf in der Literatur zuwenig Rücksicht genommen.

Bei der zweiten Begriffsbestimmung wird es noch schwieriger sein, etwas allgemein Angenommenes zu geben, da die Lebensanschauung hineinspielt. Ich sehe in der »Psychologie« nicht die Physiologie des Gehirns oder des zentralen Nervensystems, so sehr letztere eine der wichtigsten Grundlagen ist; doch muß auf den Körper als Ganzes, vor allem dessen *Biologie*, Rücksicht genommen werden. Bei meinen Beobachtungen an Neugeborenen und Säuglingen reifte in mir die Auffassung, daß es *Aufgabe der Psychologie sei, jenes Prinzip, das die Einheit, die Erhaltung und Entfaltung des Einzelwesens bewirkt*, in seiner Beziehung zur Außenwelt und zum Körper zu erforschen.

# 2. METHODIK

## 2. METHODIK

Die Erforschung der Psyche des Neugeborenen, besonders der ersten 24 Stunden, hat ihre besonderen *Schwierigkeiten*.

Sie setzt vor allem voraus, daß der Beobachter die *Besonderheiten der Zeit des Neugeborenen* genau kennt; sie bedarf des geschulten Auges eines Arztes, der weiß, was normal und was krankhaft, was vorübergehend und was bleibend ist. Für die ärztliche Forschung ist das Neugeborene ein Stiefkind: in die Kinderklinik kommt es nur bei ausgesprochen krankhaften Erscheinungen, während die vielen vorübergehenden Störungen nicht zur Beobachtung kommen. Das Neugeborene liegt in den Frauenkliniken, die selbstverständlich der Mutter ihre Hauptaufmerksamkeit widmen.

Die *mechanischen Einwirkungen des Geburtsvorganges*, die oft erstaunlich rasch sich ausgleichen, oft auch bleibende Schäden nach sich ziehen, die *neuen Reize der Außenwelt* und die von der Mutter erhaltenen *Hormone*, zudem *Mißbildungen*, gestalten das Studium des Neugeborenen zu einem komplizierten Problem.

Als ich vor 20 Jahren die Leitung der Neugeborenenabteilung des Sanatoriums St. Anna in Luzern übernahm, beobachtete ich eine Unmenge von Erscheinungen, für die mir die Literatur nur wenig Aufklärung bot. Erst als ich durch die Erfahrung, besonders durch Schulung des Auges mittels Zeichnens, mich eingelebt hatte, ging ich an das Studium der Psyche. Ohne praktische Ausübung der Kinderheilkunde, die den steten Kontakt mit den spätern Entwicklungsstufen des Kindes sichert, wäre die Aufgabe, die ich mir stellte, nur ganz unvollkommen lösbar gewesen.

Als fast ausschließliche Quelle des Studiums betrachte ich die *Beobachtung*. Sie durch die kinematographische Methode zu ergänzen, war mir leider nur in beschränktem Maße möglich. Die graphische Methode, wie sie Canestrini mittels des Pneumogramms anwandte, führt durch Fesselung zu zusätzlichen Reizen, die die Resultate stören. *Versuche* müssen möglichst einfach gestaltet werden; sonst erhält man keine verwendbaren Resultate. Auch sind nur kurze Reihen von Versuchen brauchbar, da leicht Ermüdung und Abwehr eintreten. Deshalb ist eine große Zahl von geprüften Kindern nötig, um Zufallsresultate auszuschließen. Wenn irgend möglich, suchte ich die Zahl der geprüften Kinder auf 50 oder 100 zu bringen, schon um die Resultate besser miteinander vergleichen zu können. Leider war dies in einzelnen Untersuchungsaufgaben nicht möglich aus äußern Umständen. Die Kontrolle der Versuchsreihen hat auch gezeigt, daß sichere Schlüsse aus weniger als 50 beobachteten Kindern nicht gezogen werden dürfen. In der Literatur werden oft solche aus 6—20 Kindern gezogen; doch müssen diese Angaben als gelegentliche Beobachtungen eingeschätzt werden.

# 3. EINTEILUNG DER NEUGEBORENENZEIT

## 3. EINTEILUNG DER NEUGEBORENENZEIT

Wie schon erwähnt, ist die Neugeborenenzeit *nicht einheitlich*. Gleich nach der normalen Geburt haben wir eine Zeit von 10—15 Minuten, in der das Verhalten des Kindes bestimmt ist durch die Einwirkungen des Geburtsvorganges und des neuen Milieus. Die Antworten auf experimentelle Reize sind in dieser Zeit, wenn solche überhaupt erfolgen, schwach.

Dann folgt eine Zeit von 1—4 Stunden, in der das Kind deutlich reagiert und mehr oder weniger wach ist.

Nachher fällt das Kind in den *ersten tiefen Schlaf*, in dem die psychische Reaktionsfähigkeit beinahe auf Null sinkt. Dieser dauert häufig 8 bis 12 Stunden.

Beim *Aufwachen* stellt sich allmählich die Reaktionsfähigkeit wieder her, nicht in geradem Aufsteigen, sondern wellenförmig, wobei sie zeitweilig wieder absinkt, um nachher wieder deutlicher zu werden. Es ist jedoch unmöglich, experimentell dieses Verhalten an einem einzelnen Kind festzustellen, da wiederholte Reize die experimentelle Grundlagen verändern und einen Vergleich unmöglich machen. Doch sind diese Beobachtungen bei meinen Versuchen immer wieder zum Vorschein gekommen.

So wechseln in der ersten Lebenswoche nicht bloß Schlafen und Wachen miteinander ab, sondern diese

Zustände gehen allmählich ineinander über. In der zweiten Woche sind die Zustände schon deutlicher voneinander geschieden.

# 4. REAKTIONEN DES NEUGEBORENEN

## 4. REAKTIONEN DES NEUGEBORENEN

Das Verhalten des Neugeborenen drückt sich durch Reaktionen auf äußere und innere Reize aus. Ich sage *Reaktionen* und nicht Reflexe, weil ich durch den weitern Begriff mich nicht an eine rein neurologische Deutung meiner Beobachtungen binden will. Noch besser wäre der Ausdruck »response« angloamerikanischer Forscher. Die Fähigkeit, auf Reize durch Reaktionen zu antworten, setzt sich nun zusammen aus der *Fähigkeit, Reize aufzunehmen,* und aus der weitern Fähigkeit, darauf *durch motorische oder sekretorische Veränderungen des Körpers zu reagieren.* Zudem muß noch die *Fähigkeit* vorhanden sein, den *zentral* verlaufenden Reiz in die *peripher* verlaufende Erregung *umzusetzen.* Wir wissen, daß diese Fähigkeit in ihrer schematischen Form besonders deutlich dem Rückenmark zukommt.

Das Organ, das den Reiz aufnimmt, nennt man allgemein *Rezeptor,* während das Organ, das darauf antwortet, *Effektor* heißt. So spricht man von einem *Rezeptor-Effektor-System.*

Die *einfachste Funktion dieses Systems ist der Reflex. Höber* definiert den Reflex als eine auf einen bestimmten Reiz eintretende Aktion, welche dadurch, daß sie mit *Regelmäßigkeit* zustande kommt, den *Eindruck des Maschinenmäßigen,* durch eine bestimmte *innere Organisation Erzwungenen* macht. Höber fügt weiter bei, daß die Aktion in vielen Fällen den Charakter des *Zweckmäßigen* besitze und durch das *Unbeteiligtsein der menschlichen Seele* von andern Äußerungen abzugrenzen sei. Vielfach ist aber der Begriff Reflex erweitert und der Ausdruck identisch mit Reaktion gebraucht worden.

Es gibt aber daneben noch Funktionen des Rezeptor-Effektor-Systems, die nicht so einfach schematisch verlaufen, die nicht nur *eine* Umschaltstation in Anspruch nehmen, sondern über *übergeordnete komplizierte Bahnen gehen.* In diese übergeordneten Systeme greifen nun Faktoren ein, die das Maschinenmäßige der Reaktionen abstreifen und ihnen eine gewisse *Variabilität* verleihen. Der Charakter des Zweckmäßigen bleibt im allgemeinen erhalten, indem *bei aller Variabilität diejenige Reaktion am häufigsten eintritt,* die die *biologische* Forderung am besten erfüllt. Damit sind wir auf das Gebiet der *Psychologie* gekommen. Einen schädlichen Reiz kann das Kind nicht nur durch einen Schutzreflex, sondern auch durch eine variable Abwehrbewegung entfernen, die sich aus verschiedenen einzelnen Bewegungen zusammensetzt. Ich werde zeigen, daß dies schon beim Neugeborenen der Fall ist.

Wie *Heß* und *Minkowski* gezeigt haben, ist der *Reflex nur ein künstlich isoliertes Fragment* im *biologischen* Geschehen, dem keine Selbständigkeit zukommt, und das nur im Zusammenhang verstanden werden kann. Meine Untersuchungen werden dies voll und ganz bestätigen.

Es gibt bei den Neugeborenen auch *reflexartige Reaktionen*, die nicht nur durch eine innere Organisation erzwungen, sondern aus einer *variablen* Reaktion dadurch entstanden sind, daß sie Erfolg hatten und deshalb wiederholt wurden. Sehr deutlich sehen wir dies beim Beginn des Stillens, wo je nachdem Muttermilch vorhanden ist, der »Saugreflex« gebahnt und eingeschliffen wird oder allmählich wieder erlischt. Deshalb sind ein Teil der als Reflexe beschriebenen Reaktionen eigentlich *Automatismen*.

# 5. GESICHTSPUNKTE ZUR BEURTEILUNG DER REAKTIONEN

## 5. GESICHTSPUNKTE ZUR BEURTEILUNG DER REAKTIONEN

*Pratt* gibt folgende Gesichtspunkte an, nach denen man die Betrachtung der Reaktionen, die man bei den Neugeborenen beobachtet, richten kann:
*a)* nach der Art der Reize und den gereizten Sinnesorganen;
*b)* nach der Art ihres Verhaltens gegenüber den Ursachen der Entwicklung, der innern Ursache, der Reifung und der äußern Einwirkung der Umgebung;
*c)* nach teleologischen Gesichtspunkten.

Die erste Art der Beurteilung des Verhaltens des Neugeborenen hat den Vorteil, daß *der Reiz lokalisiert und physikalisch sowohl qualitativ als quantitativ definiert* ist. *Peiper* und *Pratt* haben in ihrer Aufzählung der Reaktionen des Neugeborenen diesen Gesichtspunkt als wegleitend angenommen; doch sieht man dabei, daß nicht das ganze Verhalten erfaßt wird. *Pratt* selbst empfindet es als einen Fehler, daß damit wohl *einzelne Vorgänge, nicht aber ihre Zusammenhänge im Gesamtorganismus* in Betracht gezogen werden. Ich werde diese Einteilung nur insofern benützen, als das Verhalten des Neugeborenen doch davon abhängt, wieweit die Sinnesorgane schon Reize von der Außenwelt aufnehmen können — genauer gesagt: auf welche Reize das Rezeptor-Effektor-System bereits funktioniert.

Betrachten wir das Verhalten der Neugeborenen in seiner *fortschreitenden Veränderung* während der ersten zwei Wochen, so müssen wir Veränderungen herauszufinden suchen, die nur durch *innere Reifung* bedingt sind. Als Beispiel dafür werde ich die Weiterentwicklung der Kriech- und Schreitbewegungen anführen können. Man denkt dabei in erster Linie an die *Myelinisation* der Nervenbahnen, die bei der Erforschung der Gehirnbahnen von großer Bedeutung waren. Da die Fortschritte der Myelinisation erst in der 3.—6. Lebenswoche deutlich werden, fällt sie für uns außer Betracht. Meine Resultate stützen eher die Ansicht jener Forscher, die der Funktion einen Einfluß auf die Myelinisation zuschreiben und nicht die Myelinisation als Vorbedingung der Funktion auffassen. Viel größer ist die *Bedeutung des Geburtstraumas*, resp. seiner Ausheilung und seines Abklingens. Wieweit die *Übersättigung* des Neugeborenen mit den mütterlichen *Hormonen* mitspielt, muß ebenfalls in Betracht gezogen werden.

Eine Veränderung des Verhaltens des Neugeborenen kann auch bedingt sein durch seine Umstellung infolge *primitiver Erfahrungen aus der Umwelt*. Gewisse Reaktionen auf Reize der Umwelt bleiben sich bei der Wiederholung gleich; andere verändern sich. Die Unterscheidung zwischen der ursprünglichen Form der Reaktion und der später modifizierten ist oft sehr schwierig; ich habe deshalb *soviel wie möglich meine Versuche in den ersten 24 Stunden vorgenom-*

*men*. Daß schon das Neugeborene »*lernen*« kann, werden wir später sehen.

Diese Unterscheidung hat eine praktische, aber mehr noch eine *theoretische* Bedeutung. Sie greift in den alten Streit zwischen *Nativisten* und *Empiristen* ein, der auch bei den Auffassungen der Kinderpsychologen von Bedeutung ist. Unter den amerikanischen Forschern bilden der *Präterminismus* von *Morgan* und die *Epigenesis* von *Child* die Extreme. *Gesell* schreibt dem Angeborenen, *Watson* den äußern Faktoren die entscheidende Bedeutung zu. Nach meiner Ansicht läßt sich diese Frage nicht allgemein beantworten.

Unter den Reaktionen der Neugeborenen gibt es solche, die einen bestimmten Reiz entweder erstreben oder vermeiden; ihr *Zweck* ist somit *offensichtlich*. Andere Reaktionen sind nur auf eine gewisse *Wahrscheinlichkeit* eingestellt; weitere lassen sich wenigstens vorläufig nicht erklären. Am deutlichsten ist der Zweck bei den Abwehrreaktionen, bei denen entweder die gereizte Stelle dem Reiz entzogen oder die Reizquelle weggestoßen wird. Wir werden sehen, daß die *Abwehr sich nicht in einer typischen Reaktion* erschöpft, sondern daß bereits dem Neugeborenen verschiedene Arten der Abwehr zur Verfügung stehen.

Eine Reaktion, die sonst nicht erklärt werden kann, wird oft als *phylogenetisches* Überbleibsel einer Reaktion aufgefaßt, die bei den Vorfahren von Bedeutung war, bei den heutigen Individuen jedoch zwecklos geworden sei. Solche Deutungen sind nur mit Vorsicht aufzufassen, da sie nicht durch Beobachtungen kontrolliert werden können. Oft passen die Deutungen auch nicht auf die exakten Beobachtungen (Umklammerungs-Reflex von Moro, Fußgreif-Reflex).

Man kann aber mit Recht zwischen *zweckmäßigen, die vorherrschen,* und *unzweckmäßigen* Reaktionen der Neugeborenen unterscheiden; ja, wir können ausnahmsweise auch Reaktionen beobachten, die wir als *paradox* bezeichnen müssen. Diese hängen aber weniger von der Art der Reize ab als vom Zustand des Neugeborenen. Daneben können wir aber Reaktionen beobachten, die *so »zweckmäßig«* ausgeführt werden, wie man sie erst *auf einer spätern, reifern Entwicklungsstufe* sieht (*Antezipationen*).

Auf die Frage, ob es gestattet sei, in der Biologie von einem *Zweck,* von einer *Causa finalis* zu sprechen, trete ich nicht ein, bevor ich das Tatsächliche der Beobachtungen dargelegt habe. Man wird in dieser Hinsicht sich kritisch einstellen müssen, so sehr diese Frage mit meiner Definition der Psychologie verknüpft ist.

# 6. DIE REAKTIONEN DER NEUGEBORENEN AUF EINZELNE SINNESREIZE (DAS REZEPTOR-EFFEKTOR-SYSTEM)

# 6. DIE REAKTIONEN DER NEUGEBORENEN AUF EINZELNE SINNESREIZE (DAS REZEPTOR-EFFEKTOR-SYSTEM)

Bei der Prüfung des Verhaltens der Neugeborenen auf Reizung der *Sinnesorgane* stellt sich als erste Frage, *ob diese als Rezeptoren* bereits funktionieren; dann kommt als zweite Frage, *auf welche Weise der Neugeborene darauf reagiert,* wobei sowohl lokalisierte wie allgemeine Reaktionen vorkommen können.

## A. Die Hautsinne

Die Haut enthält die Rezeptoren für *Berührungs-, Druck-, Wärme-* und *Kälte-* sowie für *Schmerzempfindungen.* Von einzelnen Physiologen werden Berührungs- und Druckempfindungen als einheitlich aufgefaßt, was schon deshalb nicht richtig ist, weil bei der Druckempfindung auch eine Tiefenempfindung (Periost) mitspielt; bei den Neugeborenen lösen Berührungsreize andere Reaktionen aus als Druckreize. Sämtliche Prüfungen der Hautreize wurden *am ersten Lebenstag vorgenommen.*

a) Berührungsempfindung

Diese können durch *Streichen mit dem Tastpinsel, Streichen mit dem Finger* oder durch bloßes *Berühren mit demselben* geprüft werden.

Schon *Kußmaul* prüfte den Tastsinn der Neugeborenen, jedoch nur an einzelnen Stellen des Gesichtes, besonders in der Nähe der Augen, der Nase und des Mundes. *Genzmer* und *Preyer* führten die Untersuchungen weiter, besonders auf der Zunge, bei der es sich nicht um reine Tastempfindungen handelt. Später hat *Peiper* die Tastempfindungen geprüft und dabei gefunden, daß beim Neugeborenen Hände, Fußsohlen und Gesicht leicht, Unterarm und Unterschenkel schwerer, Brust, Bauch, Rücken und Oberschenkel am schwersten ansprechen.

Ich prüfte *mit dem Pinsel* an folgenden Hautstellen 100 Neugeborene:

| Reizstelle | Zahl der reagierenden Kinder |
|---|---|
| Stirn | 10 |
| Augenbrauen | 49 |
| Naseneingang | 26 |
| Lippen | 8 |
| Wange | 5 |
| Handfläche | 1 |
| Innenfläche des Oberschenkels | 3 |
| Unterschenkel | 1 |
| Fußsohle | 81 |

Auf der Brust, auf Hand- und Fußrücken reagierte kein Kind. Von den 19 Kindern, die überhaupt nicht reagierten, schrien zwei, und eines würgte, wobei die Reizschwelle stark erhöht wird, so daß als *nichtreagierend* nur 16 Kinder angenommen werden dürfen.

Von der Art der Reaktion ist folgendes hervorzuheben: Bei der Prüfung des Tastsinnes mit dem Pinsel kniffen 3 Kinder schon bei Reizung der *Stirnhaut* die Augen, eines zeigte senkrechte Falten der Stirn, eines runzelte die Stirn quer, eines senkte die Augenbrauen, eines machte allgemeine Grimassen, 2 weinten. Bei Reizung der *Augenbrauen* verstärkten sich die Reaktionen: 26 Kinder kniffen die Augen, 4 blinzelten, 2 falteten die Stirn, 3 Kinder schrien. Da die Reaktionen mit der Annäherung an das Auge ausgeprägter wurden, handelt es sich beim Kneifen um einen Schutzreflex der Augen, der sich schon beim leisesten Reiz einstellt. Grimassen und Schreien zeigen aber, daß es nicht immer beim bloßen Reflex bleibt, sondern daß auch das *Gefühl der Unlust* dazutrat.

Bei Berührung des *Naseneingangs* mit dem Tastpinsel trat nie der erwartete Nießreflex auf; er trat aber auch bei den Geruchsprüfungen nur selten auf. Von den 26 reagierenden Kindern drehten 6 den Kopf weg, wodurch sie die gereizte Stelle dem Reiz entzogen. Häufiger waren die *Unlustreaktionen:* 5 Kinder grimassierten im Nasenfazialis, was sich bei 2 zu allgemeinen Grimassen steigerte, 9 zeigten allgemeine Unruhe, und 2 schrien. Ein Kind hielt seine Hand vor die Nase, es reagierte durch eine Abwehrbewegung, ähnlich wie dies ältere Kinder und Erwachsene getan hätten, also durch eine *Antezipation*. Wir haben hier die drei Arten der Reaktion auf einen unangenehmen Reiz: das reflexartige Entziehen vom Reiz, die Äußerung des Unlustgefühls und die Schutzhandlung.

An und um den *Mund* herum treten die Tastempfindungen schon am ersten Lebenstag in den Dienst der Nahrungsaufnahme, noch bevor diese stattgefunden hat. Von den 8 reagierenden der 100 geprüften Kinder öffneten 6 auf den Tastreiz mit dem Pinsel den Mund, eines wollte den Pinsel fassen, als ich mit ihm über den Mund strich. Ein weiteres hielt die *Hand vor den Mund* als Abwehrhandlung gegen die ihm offenbar unangenehme Empfindung (Antezipation). Beim Bestreichen der Wange mit dem Pinsel öffneten 5 Kinder den Mund, ohne daß weitere Reaktionen dazutraten.

Nun muß man in Betracht ziehen, daß der Tastreiz, den der Pinsel ausübt, nur gering ist. Die *Berührung* und das *Streichen mit dem Finger* stellen einen *stärkeren* Reiz dar, dem zugleich, wie wir sehen werden, eine weitere Bedeutung zukommt.

Systematisch habe ich die *Berührung mit dem Finger* nur an den *Lippen*, den *Händen* und *Füßen* geprüft, das Streichen nur an den Wangen und an den Fußsohlen.

Ich berührte 100 Neugeborene am 1. und am 2. Lebenstag an der *Ober-* und *Unterlippe* sowie an den *Mundwinkeln*. Nur 8 Kinder reagierten an keiner Berührungsstelle; dagegen fehlte die Reaktion bei 73 Kindern an einer, an zwei oder drei Berührungsstellen. Die Zahl der Reaktionen nahm während der Prüfung zu, so daß ein Versuch die *Reaktionsbereitschaft* für den folgenden erhöhte.

Da diese Reaktionen nicht dem Finger, sondern eigentlich der vorgetäuschten Brustwarze der Mutter gelten, handelt es sich um eine *Reflextäuschung* im Sinne *Pfaundlers*. Es treten dabei teils Kopf-, teils Mundbewegungen auf. Meist erfolgt die *Kopfbewegung* so, daß die Fingerkuppe in die Mundspalte gleitet *(Einstellreflex der Autoren, Suchreflex nach Peiper)*. Ausnahmsweise aber erfolgt die Drehung in umgekehrtem Sinne, und zwar nicht nur direkt entgegengesetzt, sondern auch nach andern Richtungen, z. B. den Kopf nach hinten. Dabei wird die gereizte Stelle dem reizenden Finger entzogen; es tritt also dabei statt einer Zuwendung eine Abwendung ein.

Die Kopfbewegungen werden häufig durch *Mundbewegungen* ergänzt; ja, bei Berührung der Unterlippe ersetzten 43 Kinder die Drehung des Kopfes nach unten durch das einfachere Senken der Unterlippe, wobei die Fingerkuppe ebenfalls in die Mundspalte geriet; der *biologische Zweck der Bewegung wird mit geringerer Kraftanstrengung* erreicht. Dieser biologische Zweck tritt noch dadurch deutlicher hervor, daß sich an die erste Bewegung weitere Reflexe anschlossen, wie Saugen und Lecken.

*Allgemeine Reaktionen waren selten:* 11 Kinder zuckten, besonders bei der ersten Berührung, zusammen. Es handelte sich dabei um *Gefühlsreaktionen*, wie bei den Abwehrbewegungen.

*Handlungen* als Antwort auf die Berührung des Mundes mit dem Finger zeigten 4 Kinder: 2 in zuwendendem, 2 andere in abwendendem Sinne. Ein Kind schob meinen Finger mit seiner Hand in die Mundspalte, ein zweites drückte mit der Hand den Finger gegen seinen Mund. Umgekehrt stieß ein Kind den berührenden Finger mit der Hand weg, und ein weiteres hielt seine Hand vor den Mund. Auch dies sind *Antezipationen*, wie ich dies bei der Reizung des Naseneingangs und der Lippen mit dem Pinsel beobachtete. Ihre Ziele sind durch die Gefühle bestimmt; daß relativ mehr Antezipationen durch Abwehr hervorgerufen wurden, erklärt sich dadurch, daß die Unlust allgemein zu stärkeren Reaktionen führt.

Auf das *Streichen der Wange mit dem Finger* reagierten von 50 geprüften Kindern 19, also 38 %, gegenüber 5 % auf das Streichen mit dem Pinsel; hier macht sich nicht nur der stärkere Reiz geltend, sondern wahrscheinlich eine *Stammeserinnerung*, da das Streicheln der Wange seit Generationen von den Müttern gebraucht wird, die Kinder zum Saugen zu bringen.

Dies beweisen auch die Reaktionen, die wir beobachten konnten: 16 von 50 am 1. Tag vor dem ersten Anlegen geprüften Kindern drehten den Kopf nach der gereizten Seite; die 3 weitern öffneten den Mund, wie übrigens die meisten, die den Kopf drehten. Zudem saugte oder leckte ungefähr ein Drittel der geprüften Kinder im Anschluß an die Prüfung.

Die Berührungen an *Händen* und *Fingern* sind wegen der vielen spontanen Bewegungen schwierig zu studieren. Sie lösen meist den *Greifreflex* aus oder eine *Spreizung*, die wir als Vorbereitung zum Fassen auffassen müssen. Der Greifreflex ist schon während der Geburt auszulösen — gab uns doch unser Lehrer der Geburtshilfe, Prof. Wyder, den Rat, im Falle wir nicht entscheiden könnten, ob der Arm oder der Fuß vorliege, einfach zu kitzeln: die Hand schließe sich, während der Fuß sich zurückziehe. Auch fassen oft Neugeborene gleich nach der Geburt auf dem Tisch liegend den Rand der Windel und halten ihn längere Zeit fest.

Halverson hat ausgedehnte Untersuchungen über das Greifen der Neugeborenen und Säuglinge angestellt. Seine Resultate decken sich bei den Neugeborenen mit den meinigen, die ich zum Teil erhielt, bevor ich von seinen Untersuchungen Kenntnis hatte.

Ich habe bei 50 Neugeborenen die Greifbewegung geprüft. Nur bei einem Kind wurde ich daran gehindert, weil es an der geballten Faust lutschte und durch nichts zu einem Öffnen der Hand gebracht werden konnte. Auch Halverson hatte dieselben Schwierigkeiten; er öffnete die Hand durch Strecken der Finger, die er dann 5 Sekunden gestreckt hielt, während ich den Streckreflex der Finger beim Berühren ihrer Dorsalfläche dazu benutzte, um nicht Unlustgefühle auszulösen.

Bei der Prüfung berührte ich die Hohlhand quer mit dem Finger, mit einem Stäbchen von 3 mm Durchmesser und mit einer Walze vom Durchmesser meines Fingers. Die Reaktion bestand entweder in einem *Flektieren der Finger*, mit Ausnahme des Daumens, der meist eingeschlagen war, oder einem *kräftigen Fassen*. Bei diesem wurde nur einmal der Daumen opponiert; meist war er krampfhaft adduziert und im Grundgelenk rechtwinklig gebeugt. Auch der Kleinfinger faßte nicht richtig, sondern berührte nur mit der Fingerkuppe.

Den *Finger faßten 44 Kinder*, davon 3 mit abwechselndem Öffnen und Fassen, gewissermaßen rhythmisch. 2 Kinder flektierten nur, während der Rest nicht reagierte. Unter letztern fand sich eine Zangengeburt mit Evipan-Äther-Narkose. — Das *Stäbchen faßten nur 9*, die Walze nur 3 Kinder; bei ersterm flektierten 27, bei letzterm 25. Meist hatte man den Eindruck, daß die Kinder fassen wollten, dann aber losließen, teilweise wie wenn sie den Gegenstand wegwerfen wollten. Beim Stäbchen reagierten 10, bei der Walze 17 Kinder nicht. Auffallend war, daß die 3 Frühgeborenen auf Stäbchen und Finger reagierten, auf die Walze nur eines vom 8. Monat, während die beiden andern nur 6½ Schwangerschaftsmonate hinter sich hatten.

Wir sehen daraus, daß das *Flektieren reflektorisch* erfolgt, daß aber beim reifen Neugeborenen das psychische Moment der Unterscheidung eintritt und bei der Hälfte der Fälle das Fassen unterdrückt, wenn es sich um einen toten Gegenstand handelt. Daß es sich dabei nicht um die Größe handelt, sehen wir an den Resultaten mit der Walze. Die große Zahl der Kinder, die auf den toten Gegenstand nicht reagierten, zeigt weiter, *wie sehr die Hand des Neugeborenen auf den menschlichen Finger eingestellt ist*. Ob dabei die Weichheit des Fingers oder die geringe Temperaturdifferenz eine Rolle spielt, ist schwer zu sagen; ja, letzteres ist bei der geringen Temperaturempfindlichkeit der Hand fast ausgeschlossen.

Ebenso verhielt es sich mit der Reaktion auf Berührung der Dorsalfläche der Finger bei geschlossener Faust. Berührte ich mit dem Finger, so öffneten 41 Kinder die Faust, mit dem Stäbchen 8, mit der Walze 4, während auf das Stäbchen 35, auf die Walze 40 Kinder nicht reagierten. Auch bei dieser Prüfung haben die Unreifen gleichmäßig auf die Reize reagiert. Sie sind eben doch etwas »Reflexwesen«.

Ein geprüfter Mongoloider hat nur schwach auf den Finger bei Berührung der Hohlhand reagiert, jedoch nicht geöffnet.

Beim Öffnen der Faust bei Berührung der Dorsalfläche der Finger traten oft Bewegungen des Vorderarms in dem Sinne ein, daß die Finger des Kindes um den prüfenden Finger herumgeführt wurden, woraus hervorgeht, daß das Öffnen die Vorbereitung zum Fassen war.

Abgesehen von der Mundregion, gibt die *Fußsohle* die meisten Reaktionen. Anläßlich der Bearbeitung des Fußgreifreflexes prüfte ich die Reaktionen auf *bloßes Berühren der Fußsohle*. Sie ergab bei 480 geprüften Kindern:

1. Beinbewegungen:
    *a)* ziehen zurück . . . . . . 173 Kinder
    (davon kollateral ebenso 6)
    *b)* zucken zurück . . . . . . 80 Kinder
    *c)* stoßen vor . . . . . . . 25 Kinder
    *d)* weichen seitlich aus . . . . 7 Kinder

2. Fußbewegungen:
    a) flektieren dorsal . . . . . 19 Kinder
    b) flektieren plantar . . . . . 0 Kinder
3. Zehenbewegungen:
    a) flektieren Zehen dorsal . . . 37 Kinder
    b) flektieren Zehen plantar . . 15 Kinder
    c) spreizen Zehen . . . . . 10 Kinder
    d) greifen mit Zehen . . . . . 12 Kinder
    e) reagieren mit Babinski . . . 1 Kind
4. undeutliche Reaktionen . . . . 36 Kinder
5. keine Reaktion . . . . . . 65 Kinder

Somit haben 13,5 % nicht reagiert.

Die Bein- und Fußbewegungen sind als *Abwehrbewegungen* gegen offenbar unangenehm empfundene Reize aufzufassen. Zurückziehen, besonders wenn dies zuckend geschieht, und seitliches Ausweichen, wie die Dorsalflexion des Fußes, entziehen die Reizungsstelle — in diesem Falle die Gegend der Metatarsalia — dem Reiz. Dadurch, daß das Kind mit dem Bein vorstößt, geht es gewissermaßen zum Angriff über und stößt den Reiz weg. Die Zehenbewegungen möchte ich als rein reflektorisch auffassen.

Durch *Streichen der Fußsohle* mit dem Finger löst der Arzt den *Fußsohlenreflex* aus, der neurologisch von großer Bedeutung ist. Beim Neugeborenen läßt er sich wie beim Säugling diagnostisch nicht verwenden. Trotz ausgedehnter Untersuchungen ist man zu diesem negativen Schluß gekommen, besonders durch die eingehenden Untersuchungen von *Bersot*.

Vom *psychologischen Gesichtspunkt* aus ist es jedoch interessant, daß auch auf Streichen der Fußsohle *Abwehrbewegungen* vorherrschen. Bei 800 geprüften Neugeborenen zeigten 527 den Flexionreflex (Sherington), der in einem Zurückziehen des Beines beruht. Ebenso ist die Dorsalflexion des Fußes, die 148 Kinder zeigten, eine Abwehr. Aktive Abwehr war seltener als auf Berührung der Fußsohle: nur 7 Kinder stießen vorwärts.

Zu den Reaktionen, die beim Neugeborenen durch Berührungsreiz ausgelöst werden können, müssen wir auch den *Großzehengreifreflex* rechnen. Legt man ein 3 mm dickes, 3 cm langes Stäbchen zwischen 1. und 2. Zehe, so erfolgt meist ein Fassen, häufig begleitet von einer Plantarflexion der Zehen. Von 50 geprüften Kindern faßten am 1. Lebenstag nur 6 beidseits nicht, darunter 3 nach Narkose, 1 Mongole, 2 ohne auffindbaren Grund; 5 faßten nur an einem Fuße nicht. Am Ende der Neugeborenenzeit faßten nur noch 3 Kinder nicht: außer dem erwähnten mongoloiden Idioten 2 schreiende Kinder. Es handelt sich somit um einen ziemlich regelmäßig vorhandenen Reflex.

Es bleibt aber nicht beim Reflex; denn bald setzen Reaktionen ein, die das gemeinsame Ziel verfolgen, das offenbar unangenehm empfundene Stäbchen zu entfernen. Dies erreichten am 1. Tag 5, am Ende der Neugeborenenzeit 21 Kinder dadurch, daß sie das Stäbchen mit dem andern Fuß aus den fassenden Zehen herausstießen; 13 weitere stießen am 1. Tag nur einseitig heraus, 18 nach 10—14 Tagen; dazu haben

9 einseitig, 3 beidseits versucht, dies am 1. Tag zu tun, 13 und 2 nach 2 Wochen. Weniger deutlich war diese Tendenz bei 15 Kindern, die wohl faßten, aber wieder fallen ließen. Ob sie auch bei 6 weitern Kindern bestand, die das Stäbchen wegschleuderten, oder ob dies nur die Folge des Strampelns war, läßt sich nicht entscheiden; am Ende der Neugeborenenzeit hat dies kein Kind getan.

Kaum bei einer andern Prüfung kam so sehr der *Gegensatz zwischen Reflex und Abwehrreaktion* zum Ausdruck. Offenbar löst die Druckempfindung, die die Folge der reflektorischen Muskelkontraktur ist, unangenehme Gefühle aus, deren Ursache durch Bewegungen des andern Beines entfernt werden soll. Manchmal gelingt dies im ersten Anhieb; oft sind Versuche nötig, die durch athetotische Bewegungen ausgeführt werden. Im erstern Fall hat man jedoch ganz den Eindruck zielsicherer Bewegungen. Daß diese Bewegungen eine gewisse psychische Energie benötigen, sieht man daraus, daß sie durch Ablenkung gehemmt werden können: 2 Neugeborene haben am 1. Lebenstag mich längere Zeit angeschaut und die Bewegungen erst wieder fortgesetzt, wenn ich mich aus dem Gesichtsfeld entfernte. Wie andere Reaktionen wurden sie auch durch Würgen und Urinieren gehemmt. Ein unreifes Kind hat wohl gefaßt, aber nicht weiter reagiert.

Diese Untersuchungen zeigen auch die *innere Reifung* in den ersten zwei Wochen, die weniger das Nervensystem als die psychischen Reaktionen betrifft; sie sind nicht durch Übungen vervollkommnet worden.

Wir werden später bei den Kriech- und Schreitphänomen der Neugeborenen ein weiteres Beispiel einer Reifung ohne Übung finden.


b) Druckempfindung

Für Untersuchungen über Druckempfindungen der Neugeborenen konnte ich in der Literatur keine Angaben finden, außer dem Fußgreifreflex *(van Woerkom, Peiper)*, den ich als die konstanteste Reaktion auf einen Druckreiz bestätigen kann. Ich prüfte 100 Neugeborene am 1. Lebenstag an der Stirn (speziell an der Glabella), Wangen, Brust, Ober- und Unterschenkel, an den Fußsohlen sogar 800 Neugeborene. Die Prüfung wurde mit einem Barästhesiometer ausgeführt mit einer Druckfläche von 1 cm² in einer Kreisfläche und einer Druckskala, die Drucke von 0 bis 100 g abzulesen gestattete. Es reagierten an:

| | |
|---|---|
| der Glabella (Stirn) . | 51 Kinder |
| den Wangen . . . | 14 Kinder |
| der Brust . . . . | 2 Kinder |
| dem Oberschenkel . | 1 Kind |
| dem Unterschenkel . | 1 Kind |
| dem Vorderarm . . | 1 Kind |
| der Fußsohle . . | 99,4 % |

(Von 800 reagierten nur 5 nicht.)

Während die Bestimmungen des Minimaldruckes, der den Reflex auslöste, an der Fußsohle zu interessanten Ergebnissen führten, waren sie an den andern Reizstellen nicht verwertbar. Sehr schwierig war die

Prüfung an der Hohlhand, so daß ich auch in diesem Fall keine Angaben machen kann, außer daß die Hand zum Greifen höhere Drucke benötigte.

Bei Druck auf die Glabella kniffen von 100 Neugeborenen 51 die Augen — wahrscheinlich ein Schutzreflex für die Augen. 20 von diesen drehten den Kopf weg; ebenso 13 Kinder bei Druck auf die Wangen. Dabei weinte je ein Kind bei Reizung der Stirne oder der Wange, so daß mindestens in einzelnen Fällen der Druck (maximal 100 g) *unlustbetont* empfunden wird, es somit nicht beim bloßen Reflex bleibt. Dasselbe war bei Druck auf die Brust, auf den 2 Kinder unruhig wurden, ebenfalls festzustellen. Bei Druck auf Ober- und Unterschenkel bewegte je ein Kind das Bein weg; ein Frühgeborenes flektierte bei Druck auf den Oberarm im Ellbogengelenk.

Den *Fußgreifreflex* habe ich gemeinsam mit meinem Sohn ausführlich beschrieben; er ist ein reiner, spezifischer Reflex, dessen Bedeutung *neurologisch* ist. *Psychologisch* bietet er insofern Interesse, als er durch Unlustgefühle teils gehemmt, teils unmöglich gemacht wird. Spontane Bewegungen, bei ältern Säuglingen mehr als bei Neugeborenen, erschweren die Beurteilung. Durch rhythmische Dorsal- und Plantarflexionen von Fuß und Zehen, auch durch Flexion in Knie- und Hüftgelenk wird die Reizstelle dem Reiz entzogen. Schreien löste die Prüfung nicht aus; durch ruhiges Verhalten gelang es immer, die zur Prüfung nötige Situation zu schaffen. Dagegen führte Schreien immer durch allgemeine Tonussteigerung zu falschen Resultaten, die Nachprüfung erheischten.

Das *gegensätzliche Verhalten von Hand und Fuß* auf Berührungs- und Druckreize besteht schon gleich nach der Geburt. Die Hand hat vorwiegend dynamische, der Fuß statische Aufgaben. Die Hand steht psychologischen Einflüssen näher; beim Fuß wird soweit wie möglich mechanisiert. Daß er bei Verletzten und Akrobaten handähnliche Aufgaben übernehmen kann, beweist, daß auch er nicht restlos mechanisiert ist, daß er die Plastizität nicht völlig verloren hat und die Seele sich seiner als Ersatzorgan bedienen kann.

Es liegt nahe, den Fußgreifreflex der Neugeborenen auf *phylogenetische Ursachen* zurückzuführen und ihn als Überrest baumbewohnender Vorfahren zu erklären. Auf die Affen läßt er sich nicht zurückführen, da Affensäuglinge ihn nur so lange zeigen, als sie noch nicht klettern. Brain und Curran haben diese Frage bei Affen im zoologischen Garten von New York geprüft; ältere Affen greifen nicht mehr auf Druck, sondern nur auf Streichen der Fußsohle. Beim *Menschen erlischt der Fußgreifreflex mit dem Gehenlernen.* Der Fußgreifreflex muß somit *mit dem primitiven Entwicklungszustand des Nervensystems* zusammenhängen.

c) Wärme- und Kälteempfindungen

Die Wärme- und Kälteempfindung prüfte ich an den *Wangen*, den *Fußsohlen* und an den *Händen*. An den Wangen, mit 43—45° warmem Wasser in Reagenzgläschen geprüft, reagierten von 100 Kindern 89. Die Reaktionsfähigkeit auf Wärme ist somit beträchtlich größer als auf Tastreize an derselben Hautstelle. Noch größer ist sie bei mäßigen Kältereizen (15 bis 17°), bei denen 96 Kinder reagierten. Auf *strahlende* Wärme reagierten von 50 geprüften Kindern an der Wange 40; bei dieser Prüfung kam der Wärmereiz rein, ohne Beimischung des Berührungsreizes, zur Wirkung. An den Fußsohlen reagierten von 70 geprüften Kindern 4 Kinder nicht auf Wärme durch Kontakt, 3 nicht auf Kälte. Die Empfindlichkeit auf thermische Reize war somit an den Fußsohlen etwas geringer als auf Streichen und auf Druck. Auffallend war das Verhalten der Hände auf mäßige Temperaturreize: von 50 Kindern reagierten 37 nicht.

*Extreme Temperaturen* wurden nur gelegentlich geprüft: Eis löste an der Wange immer eine energische Reaktion aus; ebenso Temperaturen über 50°. Hitze bewirkt immer Schmerzen, wie die gelegentlichen Operationen mit dem Elektrokauter zeigen.

*Allgemeine thermische Reize* prüfte ich nicht systematisch. Ich begnügte mich mit den Beobachtungen bei der Pflege: auf Pflegefehler reagieren die Neugeborenen prompt. Die Reaktionsfähigkeit auf kurz dauernde, mäßige, allgemeine Temperaturreize ist individuell sehr verschieden.

Die thermischen Reize lösen bei den Neugeborenen Reaktionen aus, die verschieden sind nach Stärke, Ausdehnung, Art des Reizes und Ort der Reizung. Die *allgemeinen* Reize, bei welchen ein großer Teil der Hautoberfläche dem Reiz ausgesetzt wird, erregen bei Kälte oder, besser gesagt, bei Wärmeverlust ein grobschlägiges Zittern, häufig auch ein Schlottern des Unterkiefers. Haltung, Gesichtsausdruck und Schreien zeigen deutlich die Unlust, die mit diesen Empfindungen verbunden ist. Umgekehrt wird das Kind im ersten warmen Bad, das der erstmaligen Abkühlung folgt, beruhigt, so daß man, ohne etwas hineinzudeuten, annehmen darf, daß mäßige allgemeine Wärme angenehm empfunden wird. Höhere Temperaturen beantwortet das Neugeborene mit Schreien, wie dies bei gelegentlichen Pflegefehlern beobachtet werden kann.

Bei der Prüfung der Reaktionen auf mäßige Wärme sehen wir, daß die *Wärmeempfindung an der Wange* in den Dienst der *Nahrungsaufnahme* gestellt wird. 39 % der Kinder drehten den Kopf nach der gereizten Seite, 15 öffneten gleichzeitig den Mund, 9 bewegten die Zunge, und 3 leckten dazu. 20 Kinder öffneten den Mund, ohne den Kopf zu drehen; auch von diesen Kindern leckten 4. Auch *Handlungen* finden sich unter den beobachteten Reaktionen: ein Kind hob seine Hand bis zur Wange und preßte die wärmespendende Röhre an; ein weiteres faßte die Röhre, als ich die Wärmeempfindung an der Hand prüfte, und führte sie an die Wange. 2 Kinder, die übler Stimmung waren, stießen die warme Röhre weg.

Die Prüfung mit *strahlender Wärme* auf der *Wange* ergab bei 80 % der Neugeborenen eine Drehung des Gesichtes nach der Wärmequelle. Da die Kinder in überwiegender Anzahl zugleich den Mund öffneten und einzelne die Zunge bewegten oder richtig leckten, so stellten sich auch diese Empfindungen in den Dienst der Nahrungssuche. Wird die Wärmeempfindung zu stark, so drehen sich die Kinder weg; ein Kind suchte sogar sich gegen die Strahlen zu schützen, indem es das Ärmchen vor die Wange hob.

Bei der Reaktion auf *Kälteempfindungen* herrscht die Abwehr vor. 63 Kinder von 100 entzogen durch Drehung des Kopfes seitlich oder nach hinten die Reizstelle dem Reiz. Verhältnismäßig häufig waren aktive Abwehrbewegungen: 16 Kinder stießen die kalte Röhre weg, 6 weitere suchten dies zu tun. Daß damit Unlustgefühle verbunden waren, zeigten 27 Kinder durch allgemeine Unruhe, 6 durch Wimmern, 14 durch Schreien, 6 durch eine typische Schreckreaktion; 19 Kinder drückten ihre Unlust durch Grimassen aus.

Von den weitern Prüfungsstellen boten nur die Reaktionen an den Fußsohlen und an den Händen spezielles Interesse.

An den *Fußsohlen* wogen bei der mäßigen Wärmeempfindung die zuwendenden Reaktionen weit vor. 42 % der Kinder drückten die Fußsohle an die warme Röhre. 26 % umfaßten sie mit plantarflektierten Zehen. Bei 34 % der Kinder löste die Wärmeempfindung deutlich suchende Bewegungen des andern Fußes aus, die bei 5 Kindern dazu führten, den suchenden Fuß an die Röhre zu pressen. 5 Kinder zeigten eine *Umstellung der Reaktion:* erst zogen sie den Fuß zurück, um ihn nachher an die warme Röhre anzuschmiegen. — Beim Schmecken und Riechen werden wir weitere Umstellungen finden.

Auf *Kälte* zogen 67 % der Kinder die Füße zurück. 3 weitere Kinder entfernten sich vom unangenehmen Reiz durch Dorsalflexion des Fußes. 3 Kinder stießen die kalte Röhre energisch weg. 9 Kinder stellten die Reaktion um, indem sie nach anfänglicher Zuwendung sich später abwandten.

Die Reaktionen auf Wärme- und Kältereiz an den *Händen* waren, wie schon früher erwähnt, im Gegensatz zu den Füßen erstaunlicherweise unbestimmt. Bei größeren Temperaturdifferenzen wären sie wahrscheinlich deutlicher zutage getreten. So faßten von 50 geprüften Kindern 4 sowohl die warme wie die kalte Röhre; nur 3 Neugeborene faßten die warme Röhre, während sie bei der kalten die Faust schlossen. Ebenso schoben nur 4 Kinder die kalte Röhre zurück.

Das Suchen nach Wärme beobachteten wir gelegentlich bei einem Frühgeborenen von 6½ Monaten. Es war sorgfältig eingewickelt, die Ärmchen seitlich am Rumpf fixiert, um den schädlichen Wärmeverlust zu vermeiden. Nun gelang es dem Kind, ein Händchen frei zu bekommen und die Hohlhand an einen seitlichen Wärmekrug zu bringen. Trotz aller Kunst der Schwester konnte sie das Kind nicht daran hindern, sich loszulösen, um mit derselben Hohlhand die Wärme zu genießen.

d) Schmerzempfindungen

Diese sind allerdings nicht auf die Haut beschränkt; doch ist der Schmerz des Periosts und der innern Organe mehr der ärztlichen Beobachtung als der Untersuchung zugänglich. In durchaus seriösen Büchern, wie z. B. *Metzger* und *Herault* (»Les premiers jours du nouveau-né«), wird die Schmerzempfindung bis zur 6. Woche für ausgeschlossen gehalten; Reaktionen, die die Kinder bei ärztlichen Eingriffen zeigten, seien rein reflektorisch. Daß dies nicht der Fall ist, beobachtete ich bei Injektionen, bei denen ich mit der Sicherheit eines Experimentes den Schwestern voraussagen konnte, daß Neugeborene bei der zweiten Injektion am folgenden Tage schon bei der Desinfektion weinen.

*Peiper* hat die Schmerzempfindung des Neugeborenen systematisch geprüft und gefunden, daß sie wirklich besteht. Alle ärztlichen Beobachtungen bestätigen dies; die Frage ist nur die, ob sie zum Bewußtsein kommen. Da ein Bewußtsein der Neugeborenen von den meisten Untersuchern bestritten ist, so hängen beide Fragen zusammen. Meine Beobachtungen sprechen aber zugunsten eines, wenn auch primitiven Bewußtseins, wie später gezeigt wird; deshalb konnte ich mich nicht entschließen, grundlos einem Neugeborenen Schmerz zuzufügen. Wo ich aus ärztlicher Indikation aber dies mußte, habe ich außer in krankhaften Zuständen, die auch bei Erwachsenen das Bewußtsein aufheben, nie Abwehr oder Schreien vermißt. Eine Ausnahme machen nur die ersten Minuten nach der Geburt, in denen wahrscheinlich andere Empfindungen, die Nachempfindung der Geburt und die neuen Empfindungen der Außenwelt auf der ganzen Hautoberfläche, lokale Schmerzempfindungen übertönen.

Außer diesen spezifischen Hautempfindungen kommen bei der gewöhnlichen Pflege *komplexe Hautempfindungen* vor; reine Empfindungen sind außer beim Experiment sogar selten. Das Reiben der Haut wirkt durch Erregung der Vasomotoren nicht nur auf den Tastsinn, sondern auch auf die Wärmeempfindung. *Juckreiz* tritt beim Neugeborenen beim Eintrocknen der Haut besonders im Gesicht auf; er ist so stark, daß man die Kinder durch Handschuhe gegen Selbstverletzung schützen muß. Auch die Innenfläche der Unterschenkel können so jucken, daß die Kinder sich blutig scheuern.

*Schläge auf das Gesäß*, die man zur Anregung der Atmung machen muß, lösen *Schreien* aus; ebenso brüske Bewegungen.

Umgekehrt kann man durch Streicheln des Köpfchens, besonders in der Gegend der Fontanelle, Neugeborene beruhigen, ja sogar die Unruhe, die durch den erwachenden Hunger ausgelöst wird, für kurze Zeit unterdrücken.

Die *Empfindung des Nassen* ist, außer im Bad, unlustbetont. Deshalb schreit ein Teil der Neugeborenen bei der Taufe, allerdings nicht so viele wie beim Einstreichen von Salz. Nasse Windeln erregen bei Neugeborenen schon im Alter von 4—5 Tagen Unruhe und sichtliche Unlust, wenn auch nicht bei allen. Dabei ist wohl zu unterscheiden zwischen den Beschwerden bei der Harnentleerung, die aber nur bei stark ausgebildeter Phimose und bei Mißbildungen auftreten; die gewissermaßen bei uns landläufige Phimose macht keine Beschwerden und ist so häufig, daß sie nur etwa bei 2 % der Knaben nicht besteht. Auch die seltene Verklebung der kleinen Labien bei neugeborenen Mädchen kann ebenfalls Beschwerden machen. Bei diesen Beschwerden hört die Unruhe auf, wenn der Harn entleert ist. Die andere *Unruhe, die auf das Naßliegen auftritt,* fängt erst nach der Entleerung an. Sie ist um so merkwürdiger, als das Gefühl des Nassen durch das Fruchtwasser dem Neugeborenen bekannt sein sollte. Da der Urin körperwarm entleert wird, kann wenigstens anfänglich die Kälteempfindung keine Rolle spielen. Es ist möglich, daß es sich dabei um einen angeborenen Reinlichkeitsinstinkt handelt, der leider meistens durch die übliche Pflege unterdrückt wird. Wo aber eine rationelle Pflege darauf aufbaut, gelingt es, Säuglinge schon im ersten Monat überwiegend trocken zu halten.

## B. Der Geschmackssinn

Keine Sinnesempfindung hat für das Neugeborene die hervorragende Bedeutung wie der Geschmack. *Kußmaul, Preyer, Peterson* und *Rainey* sowie *Canestrini* halten den Geschmack für die bei der Geburt am höchsten entwickelte Sinnesempfindung, während *Shin* und *Blanton* sie als unentwickelt und nicht differenziert darstellen. Diese Widersprüche sind wohl darauf zurückzuführen, daß nicht in Betracht gezogen wurde, in welcher Phase der Neugeborenenzeit die Kinder geprüft wurden. Auch kommt bei den Untersuchungen noch die Konzentration der Prüfstoffe in Frage, die *möglichst den biologischen* Voraussetzungen entsprechen müssen. Ich prüfte deshalb mit einer 7 %igen Laktoselösung, ungefähr entsprechend dem Gehalt der Muttermilch an Milchzucker, mit 0,5 %iger Zitronensäure, mit einer 2 %igen Kochsalzlösung und einer Lösung von 0,01 % Chininsulfat. Diese Lösungen ergaben, selbst geprüft, schwache, aber gerade noch deutliche Empfindungen von Süß, Sauer, Salzig und Bitter. Diesen Prüfungen ließ ich immer eine Prüfung mit destilliertem Wasser vorausgehen, vor allem um den Tastreiz durch den Watteträger, mittels dessen ich die Lösungen auf die Zunge brachte, durch einen Leerversuch kennenzulernen.

Von 100 Neugeborenen haben in den ersten 24 Stunden auf *Laktose alle reagiert*. Ein Kind reagierte nicht auf destilliertes Wasser, ein weiteres außerdem noch nicht auf Zitronensäure; 2 reagierten nicht auf Kochsalz, 2 nicht auf Kochsalz und Chinin.

Die weitere Frage geht dahin, ob das Neugeborene zwischen den vier Geschmacksqualitäten unterscheiden kann. *Kußmaul* und *Preyer* bejahten sie, während *Peiper* sie verneinte. Es ist nun allerdings richtig, daß es keine Reaktion und auch keinen mimischen Ausdruck gibt, die nur bei einer Geschmacksqualität charakteristisch aufträten.

Wie die Geschmacksempfindungen auf Süß, Sauer, Salzig und Bitter verschieden beantwortet wurden, zeigt folgende Tabelle, die die Zahl der Kinder, die darauf mit Saugen antworteten, angibt:

| Prüfstoff | Schwaches | Mäßiges | Starkes Saugen |
|---|---|---|---|
| Aqua dest. | 12 | 0 | 0 |
| Laktose | 0 | 40 | 7 |
| Zitronensäure | 0 | 15 | 3 |
| Kochsalz | 8 | 0 | 0 |
| Chininsulfat | 1 | 0 | 0 |

Natürlich kann aus dieser Tabelle allein nicht geschlossen werden, daß die Neugeborenen sicher die vier Geschmacksqualitäten unterscheiden; dies erhellt erst deutlich aus dem Gesamtbild aller Reaktionen. Diese führen aber zur klaren Erkenntnis, daß sie die vier Qualitäten genau auseinanderhalten. Ausschließlich mit Reflexen haben übrigens nur 3 Kinder bei der Geschmacksprüfung geantwortet.

Da die Reaktionen des Unangenehmen sich deutlicher zeigen, wählte ich zur speziellen Entscheidung in dieser Frage die Reaktionen auf Salzig und Bitter, resp. auf Kochsalzlösung und Chininlösung, die beide unangenehme Empfindungen auslösen. Von den 100 geprüften Neugeborenen haben nur 3 Kinder auf beide Stoffe gleich reagiert, 79 reagierten stärker auf Chinin, 18 auf Salzlösung. Somit unterscheiden die Neugeborenen nicht nur zwischen Süß und Sauer, sondern auch zwischen Salzig und Bitter.

Von allen Sinnesprüfungen zeigen die Prüfungen auf Geschmacksreize die entwickeltsten Reaktionen. Daraus erhellt, daß der Geschmack der *biologisch wichtigste Sinn* des Neugeborenen ist. Die Ergebnisse dieser Prüfungen zeigen auch, wie mannigfaltig die angeborenen Fähigkeiten sind, da ich die Prüfungen vornahm, bevor die Kinder etwas erhielten; denn wir verabreichten in den ersten 24 Stunden nichts.

Ihrer Aufgabe entsprechend lösen die Geschmacksempfindungen je nach der Art des Reizes anziehende oder abstoßende Reaktionen aus.

Diese anziehenden oder abstoßenden Reaktionen sind meist so ausgeprägt von Gefühlen begleitet, daß *Peiper* mit einem gewissen Recht die Ansicht geäußert hat, daß die Neugeborenen nur *Angenehm* oder *Unangenehm* unterscheiden, nicht aber die vier Geschmacksqualitäten. Nun ist es allerdings richtig, daß das, was wir direkt beobachten können, meist der Ausdruck von Gefühlen ist, die von Empfindungen ausgelöst werden. Doch stimmten schon bei den Reaktionen auf thermische Reize die Gefühlsreaktionen nicht immer mit der Richtung der Reflexe: so z. B. Zuwendung des Kopfes und trotzdem allgemeine Unruhe, die doch eine Äußerung der Unlust darstellt.

In meiner Publikation »Le goût et l'odorat du

nouveau-né« (»Revue française de pédiatrie«) habe ich alle Reaktionen angeführt, die ich bei der Prüfung von 100 Neugeborenen machen konnte; sie sind *außerordentlich mannigfaltig*. Bei den Reflexen handelt es sich zum Teil um *motorische*, zum Teil um *sekretorische Reflexe*. Letztere können Schutzreflexe sein, um unangenehm empfundene Stoffe zu verdünnen; meist sind es jedoch Sekretionen, die angenehm empfundene Stoffe weiterleiten sollen und deshalb zu Schluckreflexen führen. Bei den erstern Stoffen spült die Sekretion den Stoff aus dem Mund heraus.

Auch die *motorischen* Reaktionen haben *zwei* Richtungen, wobei die einen in *Saugen* und *Schlucken*, die andern in *Herauswürgen* bestehen. Nicht bei allen Reaktionen werden alle Bewegungen ausgeführt, die zur Reaktion gehören, sondern häufig nur einzelne Teilbewegungen, wie auch bei andern Reaktionen der Neugeborenen. Auch können gewisse Reaktionen einander vertreten; einzelne Kinder lecken, statt zu saugen.

Viel häufiger als bei den bis jetzt besprochenen Reaktionen geben die Neugeborenen bei den Geschmacksprüfungen eine *Umkehr der Reaktionsrichtung*, wie wir dies schon bei den Wärmeempfindungen gesehen haben. Dabei wird oft eine ursprünglich anziehende Reaktion während des Versuches in eine abstoßende, seltener eine ursprünglich abstoßende in eine anziehende verwandelt.

Von 100 geprüften Kindern hat folgende Zahl Kinder die Reaktionsweise abgeändert:

| Prüfstoff | anziehend-abstoßend | abstoßend-anziehend |
|---|---|---|
| Aqua dest. | 22 | 3 |
| Milchzucker | 11 | 10 |
| Zitronensäure | 36 | 0 |
| Kochsalz | 14 | 0 |
| Chinin | 19 | 1 |

Schon *Kußmaul* hat diese Umstellung der Reaktionsrichtung beobachtet. Da sie gegen die Annahme spricht, daß die Reflexe dabei eine primäre Rolle spielen, nahm er, wie auch *Preyer*, folgerichtig eine psychische Ursache an: die Überraschung. Diese Erklärung stimmt aber nur für die Kinder, die eine erst abstoßende Einstellung durch eine anziehende ersetzen, nicht aber für die viel zahlreicheren Kinder, die sich umgekehrt verhielten. Dieses Verhalten beweist, daß die Empfindung wohl einen Reflex auslöst, etwas später aber einen psychischen Vorgang, der den ursprünglichen Reflex korrigiert. Es ist auch möglich, daß sich bei vielen Empfindungen der Neugeborenen psychische Vorgänge anschließen, wenn auch keine Umkehr des Verhaltens beobachtet wird, falls nämlich dieser psychische Vorgang mit der ersten Einstellung übereinstimmt. Ich werde später auf dieses interessante Phänomen zurückkommen, darf aber nicht unterlassen, anzuführen, daß verschiedene Autoren es auf Beobachtungsfehler zurückführen wollten. Da es aber so oft und nicht nur von mir beobachtet wurde, kann es sich unmöglich um einen Beobachtungsfehler handeln.

Relativ häufig konnte ich bei den Geschmacksprüfungen an Stelle der Reflexe primitive *Handlungen* beobachten. Dabei waren die anziehenden Handlungen viel seltener als die Abwehrbewegungen; von erstern verfüge ich nur über zwei Beobachtungen. Doch gibt es auch scheinbare Abwehrbewegungen, die einen anziehenden und nicht einen abstoßenden Sinn haben: so haben 4 Kinder den in Zuckerwasser getränkten Watteträger mit den Händchen zurückgehalten, als ich versuchte, die Watte aus dem Mund zu entfernen. 15 Kinder haben mit den Händchen versucht, den Watteträger mit einem unangenehmen Prüfstoff zu entfernen; 13 Kinder haben die Händchen erst gebraucht, als die Reflexe sich zur Abwehr ungenügend erwiesen.

Um auch *quantitative* Unterschiede zu prüfen, versuchte ich mit 7 %iger Laktose, 7 %iger Sacharose- und einer gesättigten (16 %igen) Laktoselösung. Von 12 Neugeborenen zogen 9 die 3—4mal süßere Rohrzuckerlösung vor, nur 5 die 16 %ige Milchzuckerlösung der 7 %igen. Bei einem Vergleich zwischen 0,9-, 1,5- und 2,0 %iger Kochsalzlösung waren bei 18 Prüfungen 12 unbestimmt.

In der Pflege machen sich allerdings Unterschiede im Zuckerzusatz stärker geltend. Ersetzt man einen kleinen Teil der weniger süßen Dextromaltose durch den süßeren Rohrzucker, so wird nicht nur der Schoppen mit größerer Energie getrunken, sondern auch gelegentliche Neigung zum Würgen unterdrückt. Oft kann auch eine Tastempfindung auf der Zunge mitspielen, wie bei nicht ganz gequollener Stärke oder der Nahrung als Medikament beigemischtem Pulver.

*Preyer* erwähnt auch, daß das Neugeborene auf die Milch *seiner* eigenen Mutter eingestellt sei; es kommt aber ebenso oft vor, daß das Kind einer andern Frau abgepumpte Milch der Milch der eigenen Mutter vorzieht, wie umgekehrt. Frühgeborene ziehen abgepumpte Frauenmilch mit Zuckerzusatz vor; ja, sie verweigern oft solche ohne Zuckerzusatz; es scheint, als ob sie die kalorisch mehrwertigere Mischung instinktiv vorzögen. Ich kannte aber auch reife Kinder, die an der Brust nicht tranken, auch die abgepumpte Milch verweigerten, sie aber nahmen, als man ihr Zucker zusetzte.

## C. Der Geruchssinn

Der Geruch, dem biologisch die Kontrolle der Einatmungsluft zukommt, löst beim Neugeborenen nicht so deutliche Reaktionen aus wie der Geschmack. Es handelt sich auch nicht um eine *einheitliche Empfindung,* da die eigentliche Geruchsempfindung durch den Nervus olfactorius, die scharfen Gerüche dagegen durch den Trigeminus vermittelt werden. *Kußmaul* fand nur Reaktionen auf starke Gerüche, *Canestrini* hauptsächlich auf scharfe Gerüche.

Der *Nießreflex,* der gegen das Einatmen flüchtiger schädlicher Stoffe schützen soll, ist beim Neugeborenen nur selten. Er trat auf Chenopodiumöl 1mal, auf Ammoniumkarbonat 5mal auf. Da ich ihn durch Kitzeln am Naseneingang mit dem Pinsel nicht auslösen konnte, scheint der Rezeptor für diesen Abwehrreflex bei Neugeborenen nur selten zu funktionieren.

Ich prüfte 100 Neugeborene in den ersten 24 Stunden vor der ersten Mahlzeit mit Anisöl, Chenopodiumöl und Ammoniumkarbonat. Damit wollte ich auf *angenehme, unangenehme* und *scharfe* Gerüche prüfen. Doch stellte es sich heraus, daß die Verhältnisse keineswegs so einfach waren — hat doch ein Neugeborenes auf Gerüche reagiert, dem bei der Autopsie der Geruchsnerv fehlte (Arhynencephalie). 2 Kinder haben auf keine Substanz reagiert, trotzdem sie auf Geschmacksreize reagiert hatten. 6 Kinder reagierten nicht auf Anisöl, 6 nicht auf Chenopodiumöl, 8 nicht auf Ammoniumkarbonat. Es fällt auf, daß gerade die Substanz, die einen scharfen Geruch auslöst, verhältnismäßig am häufigsten keine Reaktion zur Folge hatte. Wahrscheinlich ist dies darauf zurückzuführen, daß Anis- und Chenopodiumöl neben dem Geruch auch den *nasalen Geschmack* erregen, dem neben dem eigentlichen Geschmack die Kontrolle der Nahrung zukommt.

Die Reaktionen, die die Gerüche bei den Neugeborenen auslösten, waren zum Teil reine *Reflexe*, die aber von der Nasenschleimhaut aus selten in Erscheinung traten; außer dem schon erwähnten Nießen hat der angenehme Anisgeruch bei 7 Kindern die Atmung vertieft. Auch da muß der nasale Geschmack mitgespielt haben; ebenso wenn 7 Kinder Saugbewegungen machten und besonders mehr als die Hälfte, nämlich 54, leckten. Diese Anzahl übertrifft sogar die Zahl der Kinder, die auf Milchzucker sogen. Die ausgelösten *Gefühle* drückten sich in der Mimik aus, aber auch in einer Beruhigung, die bei 12 Kindern auf Anis zu beobachten war. *Handlungen* kamen auch vor, besonders beim Geruch von Ammoniumkarbonat, bei dem 24 Kinder den Kopf wegdrehten und 8 mit den Händen die Versuchsröhre wegstießen.

Auch eine *Umkehr der Reaktion* fand in einzelnen Fällen statt:

| Riechstoff | anziehend-abstoßend | abstoßend-anziehend |
|---|---|---|
| Anis | 2 | 11 |
| Chenopodiumöl | 12 | 0 |
| Ammoniumkarbonat | 3 | 1 |

Die Neugeborenen reagieren in den ersten 24 Stunden nicht nur auf Gerüche, sondern unterscheiden sie auch. Bei 14 Kindern prüfte ich auch die Reaktionen auf weitere Riechstoffe: Orangenblütenwasser, Menthol, Fichtennadelöl und Teer. Die beiden erstern zeigten mehr die Reaktionen des Angenehmen, während die Kinder sich letztern gegenüber, besonders beim Teer, ablehnend verhielten.

Im gewöhnlichen Leben des Neugeborenen spielt der Geruch eine geringe Rolle. Die Gerüche des Gebärzimmers werden kaum wahrgenommen. *Preyer* gibt an, daß einzelne Kinder sich weigern, bei Ammen zu trinken, die eine starke Ausdünstung haben. Die von ihm angeführten Versuche, das Geruchsvermögen dadurch zu prüfen, daß er Riechstoffe auf die Warze der Mutter aufpinselte, woraufhin die Kinder sich weigerten zu saugen, habe ich nicht wiederholt, da ich sie zu massiv finde.

Eine bedeutende Rolle spielt dagegen das Geschmacksriechen, der *nasale Geschmack*. Wenn die Neugeborenen die verschiedenen Arten Tee genau unterscheiden, so ist dies seine Funktion. Daß die Kinder die Milch ihrer Mutter mit dem Geruch erkennen, konnte ich in mehrfachen Versuchen nicht nachweisen. Es wurde auch gesagt, daß der Geruch den Weg zur Warze finden lasse; der Weg zur Warze ist jedoch durch viele Empfindungen geleitet, unter denen der Geruch nur eine geringe Rolle spielt.

*D. Der Gehörsinn*

Den höheren Sinnen, dem *Hören* und *Sehen,* kommt beim Neugeborenen *nicht dieselbe biologische Bedeutung* zu wie den niederen. Weil ihre Bedeutung in der späteren Lebenszeit liegt, ist ihre Erforschung schwieriger, hat aber doch ein Interesse, um ein vollständiges Bild des angeborenen Funktionszustandes der höheren Sinnesorgane zu erhalten. Über ihren anatomischen Zustand sind wir dagegen gut unterrichtet.

Beim Hören drehte sich erst die Frage darum, ob schon gleich nach der Geburt das Ohr *physikalisch* zum Hören geeignet sei. Da die Füllung des Mittelohrs mit Luft nach der Geburt nicht immer sich sofort vollzieht, schlossen viele Forscher auf eine Taubheit der Neugeborenen. Wenn das Mittelohr noch mit Flüssigkeit gefüllt ist, mag eine gewisse Schwerhörigkeit bestehen, eine Taubheit schon deshalb nicht, weil Flüssigkeiten den Schall auch leiten und zudem noch eine Knochenleitung besteht. Tatsächlich gelang es *Peiper,* die Hörfähigkeit schon vor der Geburt nachzuweisen, als er eine schwangere Frau vor den Röntgenschirm stellte und eine Autohupe ertönen ließ, worauf das Kind zusammenzuckte. Auch nach weitern Versuchen hält Peiper das Ohr des Neugeborenen physikalisch zum Hören geeignet; unter den frühern Untersuchern hat dies auch *Genzmer* angenommen. Ob das Neugeborene aber tatsächlich hört, wird von den Untersuchern verschieden beantwortet. *Kußmaul* konnte keine Reaktionen auf Gehörreize beobachten. *Kroner, Moldenhauer* und *Preyer* fanden große Unterschiede der Hörfähigkeit; ebenso eine weitere Reihe von Forschern, darunter *Canestrini*, *Peiper* und *Pratt*. Doch betonten alle Untersucher die Hörfähigkeit. *Feldman*, *Löwenfeld* und *Haller* geben an, daß die Reaktionsfähigkeit in den ersten Lebenstagen geringer ist als später.

Ich prüfte 100 Neugeborene am 1. Lebenstag mit der *Stimmpfeife* auf das eingestrichene F, eingestrichene A und das zweigestrichene F. Nur 6 Kinder reagierten deutlich auf alle Töne; demgegenüber reagierten 16 auf keinen Ton.

|  | Deutliche | Undeutliche | Keine Reaktion |
| --- | --- | --- | --- |
| Eingestrichenes F | 19 | 43 | 38 |
| Eingestrichenes A | 17 | 50 | 33 |
| Zweigestrichenes F | 19 | 46 | 35 |

Diese Prüfung bestätigt somit das Ergebnis der meisten andern Untersucher. Da die Zahlen miteinander im wesentlichen übereinstimmen, so ist die Empfindlichkeit resp. die Reizschwelle für die geprüften Tonhöhen ungefähr gleich.

Bei den Hörprüfungen haben auf das eingestrichene F 11 Kinder den Kopf nach der Schallquelle gedreht, 8 auf das eingestrichene A, ebensoviel auf das zweigestrichene F. Auf den ersten Ton öffneten 10, auf den zweiten 5 und auf den dritten 6 die Augen. 6 Kinder schrien auf den höchsten Ton, auf die beiden tiefern nur je 1 Kind; 8 machten auf den höchsten Ton Grimassen, auf die beiden andern nur je 1 Kind. Auf den tiefsten Ton schreckten 4, auf den folgenden 1 Kind und auf den höchsten 2 Kinder zusammen;

doch muß in Betracht gezogen werden, daß der tiefste der erste Ton war, mit dem ich prüfte. Umgekehrt beruhigte der erste Ton 4 weinende Kinder, der zweite 1 Kind, der dritte 2 Kinder.

Außerdem prüfte ich die Hörfähigkeit mit einer *Kinderglocke*. Am einfachsten ging dies bei weinenden Kindern. 8 von 50 geprüften Kindern wurden sofort beruhigt, 21 erst nach einigen Sekunden, von denen 2 nach Aufhören des Geklingels weiterschrien. 1 Kind wurde erst bei der Wiederholung des Versuches beruhigt. 2, darunter eine Ausgangszange, die schwere Unlust hervorruft, wurden nicht beruhigt. Von den nichtschreienden Kindern drehten 10 den Kopf nach der Glocke, eines (Zange mit Evipan-Äther-Narkose) die Augen, wobei es versuchte, den Kopf zu drehen. Nicht reagiert haben 4:1 mongoloides Mädchen, 2 Frühgeburten am Ende des 6. Schwangerschaftsmonats (beide Sectio, eines wegen Eklampsie, das zweite wegen Tumor), eines mit Würgen. Undeutlich haben 2 reagiert: eines nach spontaner, aber schwerer Geburt, das andere ein Frühgeborenes aus dem 8. Schwangerschaftsmonat.

Ob die Hörfähigkeit vom Alter nach der Geburt abhängig ist, ersieht man aus folgender Tabelle:

|  | Stimmpfeife | | Glocke | |
| Alter | geprüfte | reagierende Kinder | geprüfte | reagierende Kinder |
| 1 Stunde | 9 | 9 | 2 | 2 |
| 2 Stunden | 1 | 1 | 0 | 0 |
| 3 Stunden | 0 | 0 | 3 | 3 |
| 4 Stunden | 6 | 6 | 3 | 3 |
| 5 Stunden | 5 | 3 (2 undeutl.) | 3 | 3 |
| 6 Stunden | 3 | 2 | 2 | 2 |

Da die Frühgeborenen nicht oder undeutlich reagierten, hängt die *Hörfähigkeit nur von der Reife*, aber nicht vom Alter nach der Geburt ab. Dabei hat ein 52 Minuten altes Kind deutlich sich nach der Schallquelle gedreht und ein 30 Minuten altes ebenfalls prompt reagiert. Immerhin ist die Zahl der geprüften Neugeborenen zu klein, um mehr als einen Wahrscheinlichkeitsschluß zu gestatten.

Folgende *Beobachtungen* zur Ergänzung:

Eine Mutter gab mir an, daß sie vom 6. Schwangerschaftsmonat an keine Konzerte mehr besuchen konnte, da sie während des Spiels zu starke Kindsbewegungen verspürte. Das Kind war später so sehr auf Musik eingestellt, daß das Radio nicht mehr benutzt werden durfte, da es das Kind im Alter von 8 Monaten zu sehr aufregte. Andere Mütter haben mir ebenfalls ähnliche Beobachtungen mitgeteilt.

Ein Frühgeborenes von 6½ Monaten trank nur, wenn alles völlig ruhig war; ein Geräusch, das von einem tropfenden Wasserhahn ausgelöst war, hemmte es am Trinken, das sofort wieder ausgeführt wurde, als man den Hahn völlig schloß.

Die Ergebnisse der Versuche geben vielleicht nicht ein ganz getreues Bild der Hörfähigkeit der Neugeborenen. Ein Kind, das ich an drei nacheinanderfolgenden Tagen mit der Stimmpfeife prüfte, das aber nie reagierte, wurde unruhig, als die Mutter während des Stillens am 3. Tage sprach.

Verschiedene Beobachtungen zeigen auch, daß Neugeborene nicht nur einfache Schallreize aufnehmen, sondern auch *feinere Unterschiede* machen können. Einzelne Neugeborene werden auf mein Sprechen unruhig, während das Sprechen der Schwestern sie nicht berührt. Eine Ausnahme macht nur das Sprechen der Schwester, die das Kind füttert oder es zur Mutter bringt; dann sucht das Kind mit dem Mündchen oder öffnet es. Wenn die Schwester das Kind der Mutter bringt, ruft die Oberschwester erst seinen Namen; in der 2. Woche werden einzelne Kinder unruhig, wenn man ihren Namen ausspricht. Dabei handelt es sich nicht um ein richtiges Kennen des Namens, sondern um einen bedingten Reflex, der aber an die Stimme der Oberschwester gebunden ist. So seltsam dies anmutet, habe ich es doch wiederholt gesehen, schätzungsweise bei etwa 2 % der Kinder. Sehr gut kennen dagegen die Kinder in der 2. Woche die Stimme ihrer Mutter, vorausgesetzt, daß sie stillt. Wiederholt haben Mütter und Schwestern feststellen können, daß ihre Kinder unruhig wurden und Suchbewegungen ausführten, wenn die eigene Mutter bei einem Besuch in der Neugeborenenabteilung mit ihnen sprach. Dabei blieben aber die andern Kinder ruhig.

Daraus sehen wir, daß die Hörfähigkeit, und namentlich das Unterscheidungsvermögen, sofort zunimmt, wenn ein *biologischer* Zweck vorliegt. Wo es dagegen für den Neugeborenen schädlich ist, wird die Hörfähigkeit abgestumpft, ja aufgehoben. Deshalb können Neugeborene im Getriebe der Klinik ruhig bleiben und einschlafen; auch starke Geräusche stören sie nicht, was wesentlich dazu beigetragen hat, sie als taub zu betrachten.

## E. Der Gesichtssinn

Ebensowenig wie das Gehör ist das Sehen für das Neugeborene von biologischer Bedeutung. Da das Auge dasjenige Sinnesorgan ist, das im Leben am genauesten kontrolliert werden kann, weiß man, daß es beim normalen Geburtstermin funktionsfähig ist, wenn auch bei der rückständigen Entwicklung der Fovea centralis und der Hypermetropie von zwei bis drei Dioptrien ein genaues Sehen theoretisch ausgeschlossen ist. Deshalb ist nur eine Prüfung der *Lichtempfindlichkeit* leicht möglich. Dies geschieht in erster Linie durch die *Pupillenreaktion*, die bei normalen Neugeborenen immer nachgewiesen werden kann. Eine weitere Prüfung besteht im *Augennackenreflex*, bei dem die Kinder auf Beleuchtung den Kopf nach hinten werfen. 50 Neugeborene (nicht nur von den ersten 24 Stunden) belichtete ich mit einer Taschenlampe von 0,8 Hefnerkerzen in 10 cm Entfernung. Nur 3 Kinder bewegten den Kopf nicht, sondern starrten ins volle Licht der Lampe; 17 zeigten den Augennackenreflex, 5 auch bei geschlossenen Augen. 18 Kinder drehten den Kopf seitlich; 2 zeigten dazu den Augennackenreflex. 3 Kinder drehten den Kopf nicht schnellend, sondern langsam nach hinten. 4 Neugeborene schlossen die Augen ruhig, 11 mit Kneifen. 1 Kind schüttelte den Kopf mit Unbehagen.

Das *Augenzwinkern*, das nach *Preyer* und andern bei Neugeborenen nicht vorkomme, habe ich beim Prüfen des Tastsinnes einmal gesehen, als ich mit dem Tastpinsel etwa 2 cm von dem Auge entfernt war.

Bekanntlich gelang es Peiper, mittels des Purkinjeschen Phänomens genau wissenschaftlich nachzuweisen, daß Neugeborene *farbenempfindlich* sind.

Meine Untersuchungen mit *farbigem Licht* führten nicht zu befriedigenden Resultaten. Ich hatte mehr einen gefühlsmäßigen Eindruck, daß das rote Licht einer Signallampe einen beruhigenden, das weiße und das grüne einen beunruhigenden Einfluß hatten.

Darauf versuchte ich, mit folgenden Prüfungen dieses Problem zu klären. Farbige Papiere von der Größe einer Postkarte hielt ich vor die Augen der Kinder und stellte mit Hilfe der Stoppuhr fest, nach wieviel Sekunden sie seitwärts blickten. Dazu mußten die Kinder vollkommen wach sein, was während der Zeit, die mir zur Beobachtung zur Verfügung stand, nur bei wenigen Neugeborenen der Fall war. Deshalb geben meine Resultate nur ein relatives Bild. Immerhin konnten 46 Kinder geprüft werden.

Die Kinder blickten nach durchschnittlich folgender Anzahl Sekunden seitwärts:

| Farbe | 1. Tag | 2.–7. Tag | 2. Woche |
|---|---|---|---|
| Schwarz | 13 | 8 | 6 |
| Rot | 16 | 16 | 16 |
| Gelb | 6 | 9 | 6 |
| Grün | 16 | 22 | 14 |
| Blau | 18 | 20 | 21 |
| (Zahl der geprüften Kinder | 11 | 22 | 13) |

Zur Charakteristik dieser Farben war Rot ein Zinnoberrot, Gelb war leicht zu Orange neigend, Grün ein saftiges Hellgrün, Blau ein Ultramarin von geringem Helligkeitswert. Da mit dieser Methode gewissermaßen der Gefühlswert der Farben in Wirkung kam, hat mich besonders das Resultat bei Blau überrascht.

Am 1. Tage haben wir fast übereinstimmende Zahlen, mit Ausnahme von Gelb; dieses bewirkt schon am 1. Tage rascher abstoßende Gefühle, wie auch später.

Bei Schwarz nehmen die abstoßenden Gefühle mit dem Alter zu: 3 Kinder im Alter von einer Woche haben auch die schwarze Karte mit den Händchen weggestoßen.

Rot blieb während der Neugeborenenzeit gleich. Der Unterschied zwischen Rot und Schwarz wird mit dem Alter beträchtlicher.

Grün und Blau sind eher weniger unlustbetont als die übrigen.

Diese Prüfung ergibt, daß eine schwache Farbwahrnehmung schon am 1. Tage nachzuweisen ist, aber eigentlich nur gegen Gelb, und daß die *Farbempfindlichkeit während der ersten 2 Wochen* zunimmt.

Die Beobachtung ergab auch, daß ein *einheitliches Gesichtsfeld,* sei es welche Farbe, auf die Dauer ohne *Unlust* nicht ertragen wird. Beim gewöhnlichen Blick in die Umgebung schläft das Neugeborene ein; beim einheitlichen Gesichtsfeld wird es unruhig. Um dies genauer festzustellen, machte ich Versuche mit der schwarzen, der roten und einer weitern roten Karte, die in der Mitte einen schwarzen Fleck von einem Durchmesser von 1 cm hatte. Die Zeit, während der die Neugeborenen die Karte betrachteten, war bei 31 Kindern folgende:

| Farbe | 1. Tag | 2.–7. Tag | 2. Woche |
|---|---|---|---|
| Schwarz | 6 | 11 | 6 |
| Rot | 10 | 18 | 9 |
| Rot mit Schwarz | 33 | 50 | 41 |
| (Zahl der geprüften Kinder | 7 | 9 | 15) |

Wir sehen daraus, *daß das nicht einheitliche Gesichtsfeld die Neugeborenen schon am 1. Tage mehr fesselt,* in der 2. Woche sogar 4—7mal mehr.

Bei seitlicher Bewegung der Karte mit dem schwarzen Punkt folgten schon am 1. Tage 2 Kinder deutlich, 2 weitere undeutlich der Bewegung der Karte, 5 deutlich in der 1. Woche; in der 2. Woche 6 deutlich, davon eines nach allen Richtungen, eines nicht nur mit den Augen, sondern noch mit Kopfdrehen; eines außer jenen 6 nur undeutlich.

Diese Resultate, wenn auch an einer geringen Zahl Kinder beobachtet, zeigen, daß eine gewisse Aufmerksamkeit besteht und daß der Blick dem Interesse folgen kann. Allerdings tritt sehr rasch eine Ermüdung ein.

Dies steht in Beziehung zu weitern *gelegentlichen Beobachtungen*. Ein 16 Stunden altes Neugeborenes sahen wir deutlich Personen mit seinen Blicken verfolgen; ebenso ein 9 Tage altes. Ein 10 Tage altes Kind betrachtete ebenfalls Personen; vor der Mutter öffnete es den Mund. Ein 4 Stunden altes Neugeborenes ließ seine Augen über 5 Personen wandern, die es betrachteten, schaute aber eine halbe Minute in der Richtung, wo ein farbig gekleidetes Fräulein stand, während wir andern weiße Schürzen trugen. Als wir die Stellung wechselten, machte das Kind suchende Augenbewegungen, bis sein Blick wieder auf der buntgekleideten Dame ruhte. Wir haben später diesen Versuch bei einem andern Neugeborenen wieder machen können.

Sehr häufig wird das Neugeborene für *lichtscheu* gehalten. Die Untersuchung mit der Taschenlampe spricht aber nur dafür, daß das Neugeborene Schutzreflexe hat, um seine Netzhaut vor grellem Licht zu schützen, wenn es auch Ausnahmen gibt. Auch wird bei Beleuchtung von vorn die Lidspalte verkleinert, bei seitlicher aber erweitert. Auch bei geschlossenen Lidern sah ich bei 19 von 20 geprüften Neugeborenen ein starkes Kneifen; beim Beleuchten des einen Auges kneift das andere meist auch.

Dabei handelt es sich um Lichtintensitäten, die gewöhnlich bei Neugeborenen nicht vorkommen. *Mäßiges Licht* wird von den Neugeborenen nicht nur nicht gemieden, sondern sogar gesucht. Auf unserm Wickeltisch drehen sich die Neugeborenen häufig gegen das Fenster, besonders an hellen Tagen. Nur wenn von den schneebedeckten Alpen grelles Licht durch die Fenster dringt, wenden sie die Köpfchen weg. Die Lichtscheu ist oft nur vorgetäuscht. Oft ist die Stirnhaut durch den Geburtsvorgang nach unten verschoben, so daß über dem Nasenrücken eine länger dauernde Falte entsteht; dann treten oft an den ersten Lebenstagen Schwellungen der Lider auf, ohne daß eine Entzündung der Bindehaut besteht. Sie kann aber auch durch die Reizung, die die Silberlösung, die man den Neugeborenen eintropft, hervorgerufen sein.

Ein weiterer Punkt ist das oft behauptete Schielen, das angeblich alle Neugeborenen aufweisen sollen. Trotzdem ich schon Tausende von Neugeborenen darauf beobachtet habe, sah ich dauerndes Schielen nur bei Kindern, bei denen eine Geburtsverletzung sicher oder wahrscheinlich vorlag. Nur bei 2 Kindern sah ich ein rasch vorübergehendes Schielen, ohne daß ich einen Grund finden konnte. So halte ich das Schielen für eine seltene Ausnahme, während *Peiper* das Umgekehrte als Ausnahme anspricht.

Gleichsinnige Augenbewegungen hat *Stern* bei seinem gut beobachteten Kinde gesehen. Wenn ich sie nun als das weit überwiegende Vorkommnis ansehe, so will ich damit nicht sagen, daß es sich um eine so genaue Koordination wie beim Erwachsenen handle. Die Erfahrung bewirkt erst später eine feine Einstellung und eine fixierte Blickrichtung. Wenn die Augen Neugeborener herumschweifen und dadurch den Eindruck des Schielens erwecken, so kommt dies daher, weil die Außenwelt wohl gesehen, aber nicht assoziiert werden kann. Daß das Kind aber einen angeborenen Trieb zu konkreten Wahrnehmungen hat, beweisen meine Versuche mit den farbigen Karten.

## F. Statischer Sinn

Obschon im Gehörorgan lokalisiert, nimmt der statische Sinn eine Sonderstellung ein. Meist in Verbindung mit dem Muskelsinn, vor allem der Augenmuskeln, äußert er sich mannigfacherweise in den sog. Stellungsreflexen.

Um ihn möglichst rein im Versuch zur Auswirkung kommen zu lassen, prüfte ich 100 Neugeborene in den ersten 24 Stunden in der Fallbewegung, indem ich sie auf den Armen so rasch nach unten bewegte, daß der Gewichtsdruck erheblich vermindert wurde. Bei einer zweiten Prüfung führte ich mit den Neugeborenen wiegende Bewegungen aus.

Auf die *Fallbewegung* reagierten 11 Kinder nicht. Nur 2 Kinder wiesen keinen Grund auf; unreif waren 2, 4 machten eine Ausgangsnarkose durch, ein Kind litt an Mongolismus, und eines wurde durch eine hohe Zange zur Welt gebracht, ein weiteres litt an einer Mißbildung des zentralen Nervensystems.

Undeutlich reagierten ein Kaiserschnittkind, ein Kind mit Mongolismus, 2 weitere ohne erkennbaren Grund. Ein Frühgeborenes machte nur Grimassen.

Es ist möglich, daß die Prüfung mit der Fallbewegung bei einer Untersuchung Neugeborener diagnostisch sich verwenden läßt.

Die übrigen Reaktionen sind Einzelelemente einer Schreckreaktion: 34 Kinder streckten oder spreizten die Finger, davon 15 nur links, 3 nur rechts, ein Kind nur den 2. bis 5. Finger, ein Kind mit Narkose nur einen einzelnen Finger. 24 Kinder rotierten den rechtwinklig gebeugten Arm nach außen, 14 abduzierten beide Arme, 5 nur den linken, 2 nur den rechten.

Die Reaktionen erfolgten nicht immer bei der ersten Prüfung; 7 Kinder reagierten erst bei der zweiten, 3 bei der dritten und eines sogar erst bei der fünften Prüfung.

Auf die *wiegende Bewegung* öffneten 32 Kinder den Mund, 16 spitzten ihn, 9 bewegten die Zunge, eines zeigte sogar einen Saugwulst. Über die Hälfte verband also diese Bewegungsempfindung mit dem Trieb nach Nahrung. Da keines dieser Kinder vorher aus dem Bett genommen wurde, um es der Mutter zum Stillen zu bringen, handelt es sich um eine erstaunliche Leistung des Stammesgedächtnisses.

Von den übrigen Reaktionen seien erwähnt: 5 Kinder drehten den Kopf zur Seite, 2 streckten den Arm in der Richtung der Bewegung; 9 Kinder weinten, während umgekehrt 2 beruhigt wurden.

2 Kinder gaben nur undeutliche Reaktionen; 28 reagierten nicht, darunter alle krankhaften Fälle, die bei der Fallbewegung nicht reagiert hatten.

Jeder wird überrascht sein, wie mannigfaltig die Sinnesempfindungen beim Neugeborenen sind. Es wurde auch schon behauptet, daß ein sog. *Allgemeinsinn* bestehe, der sich erst später durch die Sinnesorgane spezialisiere. Jeder Sinnesreiz werde erst allgemein als Reiz aufgenommen und nachträglich spezifisch empfunden. In diesem Sinne könnte man die Reaktionen des Kindes ohne Geruchsnerv deuten, wenn man nicht den nasalen Geschmack, der durch den Glossopharyngeus vermittelt wird, als nähere Erklärung heranziehen müßte. Eine weitere Beobachtung bei diesem Kinde würde eher dafür sprechen. Das Kind hatte scheinbar keine Augen; wir konnten sie im Leben nicht sehen, und jede Erweiterung der Lidspalte verhinderte ein abnorm starker Lidkrampf. Bei der Autopsie fanden sich in der Augenhöhle Rudimente von Augen. Wir hatten das Kind wiederholt an die Sonne gelegt; jedes Mal bekam es einen Wutkrampf, auch wenn wir nur die untere Körperhälfte beleuchteten, während andere Neugeborene dies nie unangenehm empfanden. Es liegt nahe, daß eine Lichtempfindung der Haut vikarierend für die Augen eintrat.

Wir haben auch gesehen, daß wir *nicht von einem maschinenmäßigen Funktionieren des Rezeptor-Effektor-Systems* sprechen können. Einmal kann der biologische Zweck einer Reaktion auf verschiedenen Wegen, durch Reflexe oder Handlungen, erreicht werden, wobei die Handlungen die Reflexe vertreten können oder herangezogen werden, wenn die Reflexe den Zweck nicht erreichen, wie dies bei der Prüfung mit der Chininlösung der Fall war.

*Störend* greifen nun sowohl *körperliche* wie *seelische Zustände* ein. *Körperlich* verunmöglichen Mißbildungen und Geburtsverletzungen die Reaktionen. Mehr oder weniger werden sie gehemmt durch Krankheit oder vorübergehende Zustände, die an die Änderung der Lebensbedingungen nach der Geburt gebunden sind (z. B. Icterus), dann durch die Narkose der Mutter, bei der die narkotischen Stoffe auch auf das Kind übergehen. Der Reifezustand beeinflußt einzelne Empfindungen, z. B. das Hören, stark, Empfindungen von biologischer Bedeutung, wie die mit dem Saugen verbundene Einstellreaktion, nur wenig. Das Alter nach der Geburt hat, wenn wir von den ersten Minuten absehen, bei einfachen Reaktionen keinen wesentlichen Einfluß; bei komplizierteren sehen wir eine Reifung.

Auch bei normalen Zuständen bemerken wir eine *Änderung der Rezeptivität*. Beim *Hunger* ist sie erhöht, bei der *Sättigung* vermindert, stark vermindert beim Schlaf, vor allem beim ersten, tiefen Schlaf, der dadurch die Erholung des Nervensystems, das unter dem Geburtsvorgang gelitten hat, möglich macht. Hemmend wirken auch das Schreien, das Lutschen, das Saugen, Stuhl- und Urinentleerung.

*Seelische* Einflüsse üben die *Gefühle,* die *Erinnerung* und die *Triebe* aus.

# 7. DIE GEFÜHLE

## 7. DIE GEFÜHLE

Wir haben schon bei den Reaktionen auf Sinnesreize gesehen, daß die Gefühle schon am 1. Lebenstag eine bedeutende Rolle spielen.

*Lust* und *Unlust* beeinflussen stark die Art der Reaktion der Neugeborenen und bestimmen häufig die Richtung derselben, ob anziehend oder abstoßend. Von einer Lust im engern Sinne kann man beim Neugeborenen nicht wie beim Säugling sprechen; doch gibt es auch hier *Antezipationen:* so sah ich ein 9 Tage altes Mädchen richtig lächeln, wobei es sich durchaus nicht um »Gichtchen« handelte, da es durch Streichen der Wangen und durch »Sprechen« mit dem Kinde auszulösen war — bei den »Gichtchen« schlafen die Kinder, während das Kind, das lächelte, wach war. Es handelt sich fast ausnahmslos um ein *gewisses Behagen,* das sich durch Muskelruhe und leichtes Erschlaffen sowie durch die später beschriebene Mimik ausdrückt; anziehende Reaktionen können eintreten, um das Behagen herbeizuführen, das das Kind vorher selbst erlebt hatte, oder durch die Stammeserinnerung darauf gelenkt wird.

Viel ausgeprägter äußert sich das *Unbehagen,* wenn es sich zu ausgesprochener *Unlust* steigert. Es hat nicht nur abstoßende Reflexe, sondern eine Menge von *Abwehrhandlungen* zur Folge und prägt sich durch *Hal-*

*tung* und *Mimik* sowie durch stimmliche Ausdrucksmittel, *Wimmern* und *Schreien*, aus. Seltener als beim jüngern Säugling führt die Unlust zu einer allgemeinen motorischen Reaktion; nur in speziellen Fällen kommt es dazu bei den *Wutanfällen*, die man besonders nach Ausgangszangen beobachten kann, wenn keine Narkose angewendet wurde.

Bei einer solchen Ausgangszange machten wir folgende Beobachtung: Erst schrie das Kind wütend auf dem Wickeltisch, Oberarm abduziert, Unterarm nach oben neben dem Kopf, Finger gestreckt, die bei Beruhigung flektiert wurden. Nachher schrie das Kind alle 5 Sekunden auf, immer schwächer und in längern Zeitpausen.

Ganz ausgesprochen ist die Unlust bei der *Schreckreaktion*, bei der *Angst* und bei der *Wut*. Die *Schreckreaktion* besteht in einem raschen, fast blitzartigen Auseinandergehen der Arme unter Streckung und Spreizung der Finger; nachher bewegen sich die Arme langsamer wieder gegeneinander. Dabei werden meist die Lider zusammengekniffen. Sie ist einigemal unter den Reaktionen erwähnt und kann durch Kälte und starke Geräusche ausgelöst werden. Es können aber, wie bei vielen Reaktionen, auch nur Fragmente bei Neugeborenen auf Reize auftreten, die bei Säuglingen die volle Reaktion auslösen. Die Schreckreaktion wurde von *Moro* als Umklammerungsreflex beschrieben. Sowenig wie *Peiper* habe ich je dabei etwas gesehen, das man als Umklammerung hätte deuten können. Diese Bezeichnung beruht auf *unhaltbarer phylogenetischer Umdeutung einer Ausdrucksbewegung.*

Die *Angst* kann sich bereits gleich nach der Geburt einstellen. Schon, wenn nur der Kopf geboren ist, liegt die Angst im vorliegenden Gesicht. Sie ist mit dem Bewußtwerden der Atemnot verbunden; dämmert das Bewußtsein ein, oder schwindet es, so hört auch bei starkem Sauerstoffmangel die Angst auf. Auf Sauerstoffmangel beruht wesentlich die *Geburtsangst,* die von den Psychoanalytikern zur Erklärung der Angst überhaupt herangezogen wird. Jeder, der Neugeborene gleich nach der Geburt sieht, kann die Geburtsangst nicht in Abrede stellen. Die mechanische Einwirkung wird seelisch nicht von so großer Bedeutung sein; einzelne Erscheinungen, wie das Schlottern der Unterkiefer, sind die Folge der Abkühlung. Es ist sicher ein Fehlschluß, sie als Ursache jeder spätern Angst anzusprechen: ein Patientchen von mir wurde vor jeder Pressung — es fehlten die Wehen — durch Kaiserschnitt geboren und kannte die ersten drei Jahre keine Angst; später wurde sie eine ausgesprochene Angstneurotikerin. Irgendein äußeres Ereignis lag nicht vor; dagegen lag offenbar die Ursache darin, daß sie einziges Kind blieb. Es ist aber nicht ausgeschlossen, daß wegen der Geburtsangst im spätern Leben die Angst mit Atemnot verkettet bleibt. Auch wiederholt sich die Geburtsangst in den folgenden Tagen nicht.

Angst tritt in sehr ausgeprägter Form bei *schweren Geburtsverletzungen* auf. Die Kinder schreien in einem so kläglichen Ton, daß schon daraus die Diagnose gestellt werden kann. Ihre Mimik drückt unverkennbar die Angst aus; selbst der Blick fleht nach

Hilfe und beeindruckt in diesem Sinn unsere Gefühle. In kaum einem andern Fall hat das Neugeborene eine derart starke Ausdrucksmöglichkeit wie in diesem gefahrvollen Zustand. Sobald aber eine Gehirnblutung das Bewußtsein zum Schwinden bringt, schwindet auch der Ausdruck dahin. Atemnot kann dazutreten, spielt aber anfänglich keine Rolle. Auch bei einem Kind, das nicht schlucken konnte, stellten sich durch den Durst später Angstzustände ein.

Die *Wut* wurde speziell von *Watson* studiert, weshalb man von einem Watsonian stimulus for rage spricht. Nach ihm soll man den Säugling dadurch in Wut versetzen können, daß man seine Arme nach unten gestreckt fest gegen die Seite des Leibes drückt. Ich habe diesen *Wutreiz* an 100 Neugeborenen am 1. Tage geprüft. Er hat allerdings eine Reihe von Stellungsreflexen ausgelöst, die ich hier nicht ausführlich anführe, weil sie seelisch sich nur selten auswirkten. 12 Kinder haben geschrien, 2 grimassiert; dagegen hat diese Fixierung der Arme auch 2 Kinder beruhigt. Viel deutlicher reagieren die Neugeborenen auf eine *andere Armstellung:* Arme nach oben neben den Kopf mit der Hohlhand nach vorn gehalten. 61 von 100 geprüften Kindern brachen sofort in Wutschreien aus, 10 Kinder etwas später, eines nur schwach, ein Kind wimmerte, 12 Kinder zeigten die Unlust nur in der Mimik; 14 Kinder haben nicht reagiert. Diese Wutreaktionen können nicht durch Schmerz erklärt werden, da durch diese Armstellung schlafende Kinder nicht geweckt wurden; es handelte sich um eine *Reaktion auf eine Fesselung* in unangenehmer Stellung.

*Watson* hat noch eine *weitere Wut* beschrieben, die eintritt, wenn man einen Säugling an den Füßen senkrecht herabhängen läßt. Beim Neugeborenen der ersten Tage konnte ich nie eine Wut beobachten; ich wunderte mich immer, wie reaktionslos diese Lage ertragen wurde. Diese Lage muß therapeutisch oft dazu verwendet werden, während der Geburt aspirierten Schleim aus der Luftröhre zu entfernen; vielleicht unterdrückt die eintretende Erleichterung eine Abwehr.

Sehr oft stört die *Stimmungslage* den normalen Ablauf der Reaktion. Schon das Anstoßen an das Bettchen konnte bewirken, daß die Laktose ausgestoßen wurde. Das stets unangenehm empfundene Aufwekken bewirkte bei der Einstellreaktion das Wegwenden des Kopfes, während bei wachen Kindern ein Zuwenden auftritt. Eine unangenehm empfundene Sinnesempfindung führt zu einer Disposition, zu weitern Unlustreaktionen und zur Abwehr.

Merkwürdigerweise war sowohl nach spontaner wie nach künstlicher Geburt das *Verhältnis der Lust- zu den Unlustreaktionen 2:3*, so daß die künstliche Geburt scheinbar die Unlustreaktionen nicht begünstigt; doch wird die Narkose, die auch auf das Kind übergeht, eine Anzahl Unlustreaktionen hemmen. Die Nachwirkung der Narkose hat aber bei einer Anzahl Neugeborener bewirkt, daß sie die Zitronensäure dem Zucker vorzogen: die Neugeborenen kennen schon die »Katerstimmung« und die bessere Verträglichkeit der Säuren in diesem Falle. Das Gesetz der biologischen Einstellung der Neugeborenen dehnt sich auch auf krankhafte Zustände aus.

Wir sehen, daß der landläufige Ausdruck für Wohlbehagen, man fühle sich wie neugeboren, auf einem Irrtum beruht.

Die *Gefühle äußern sich schon in den ersten 24 Stunden in der Mimik*. Ich habe diese besonders bei den Geschmacksprüfungen genau studiert. Es erfordert dies allerdings Übung im Beobachten von Neugeborenen; dabei staunt man, je mehr man beobachtet, wie mannigfach der mimische Ausdruck der Neugeborenen ist. Immerhin müssen die Veränderungen, die durch den Geburtsvorgang verursacht sind, erst' abgeklungen sein.

Der *Ausdruck angenehmer Gefühle* ist verhältnismäßig schwierig zu beschreiben. Leicht ist er nur dann zu beobachten, wenn Falten, die unter dem Einfluß unangenehmer Gefühle aufgetreten sind, sich glätten. Nach *Peiper* löst ein angenehmes Gefühl ein Erschlaffen der Sphinkter und eine Kontraktion der Antagonisten aus, was man am Mund und an der Nase beobachten kann. Im übrigen *gleichen sich alle Falten aus*, die nicht durch anatomische Verhältnisse gegeben sind. Die *Augen* werden dabei weit, wenn auch nicht ad maximum geöffnet, besonders wenn die Kinder die Mutter sehen, bevor sie gestillt werden. Dasselbe konnte ich beobachten, als ich mit den farbigen Karten prüfte. Ich hielt dies als Beweis, daß die Kinder sahen; doch schlug bald das anfängliche Behagen in Unbehagen um.

Bei *Unbehagen* und *Unlust* werden im Facialisgebiet viel deutlichere Bewegungen ausgelöst. Allerdings kommt es auch in diesem Fall vor, daß, wie bei andern Reaktionen der Neugeborenen, nur Fragmente der vollen Bewegung auftreten. Die Bewegung der Gesichtsmuskulatur kann einen *doppelten Charakter* haben. Eine solche Bewegung kann Reflex oder Abwehrbewegung sein und dazu noch einen Gefühlsausdruck bedeuten. Die Kneifbewegung kann bei Beleuchtung oder bei Berührung der Augenbrauen ein Abwehrreflex sein; tritt sie aber auf den Geschmack des Chinins oder den Geruch von Chenopodiumöl oder bei Geräuschen auf, so ist sie aber eine Ausdrucksbewegung. Es ist nicht immer leicht, eine genaue Unterscheidung zu treffen; oft wird dies nicht nur unmöglich sein, sondern auch tatsächlich wird beides zutreffen. Hat man doch behauptet, daß die Mimik nur ein Ausbreiten von Reflexen sei. Die mimischen Bewegungen nehmen aber durchaus nicht immer ihren Anfang bei den dem Rezeptor nächsten Muskelgruppen.

Die *Gefühle*, die durch die Sinnesreizung ausgelöst werden, *verstärken meistens die Reaktionen*. So sind bei 42 Kindern mimische Bewegungen der Unlust dem abstoßenden Reflex bei den Geschmacksprüfungen vorausgegangen, während nur bei 17 der abstoßende Reflex der Mimik vorausging. Immer stimmen aber die Reflexrichtungen nicht mit dem Ausdruck überein; doch handelt es sich dabei meist um etwas Ähnliches, wie bei der Umkehr der Reaktion, wobei die erste Reaktion korrigiert wird.

Bei keiner Sinnesprüfung konnte man den Ausdruck der Gefühle in der *Mimik* so gut verfolgen wie beim Schmecken und Riechen.

*Allgemeine Grimassen* sah ich bei der Prüfung mit destilliertem Wasser bei 14, mit Milchzucker bei 5, mit Zitronensäure bei 10, mit Salz bei 15, mit Chinin bei 27 (auf 100 geprüfte Kinder). Sie sind gewissermaßen ein Maß für die Stärke unangenehmer Gefühle, die die betreffenden Stoffe erregen können.

Auf der *Stirn* erschienen *transversale Falten* durch Kontraktion des M. frontalis beim Unbehagen; sie können auch nur auf der untern Hälfte erscheinen, letzteres einmal bei Zitronensäure und einmal bei Chinin. Die ganze Stirn faltete zweimal das Chenopodiumöl, einmal das Kochsalz. Doch waren diese Falten bei den 100 geprüften Neugeborenen relativ selten. Statt scharf ausgeprägter Falten traten bei Anis einmal leichte, wellenförmige Falten auf, die wahrscheinlich mit Unbehagen nichts zu tun hatten.

Die *senkrechten* Falten zwischen den Augenbrauen, durch die Kontraktion des M. corrugator verursacht, gehören ebenfalls zum Ausdruck des Unbehagens; sie erschienen 2mal auf Chenopodiumöl, 3mal auf Ammoniak. Beim Geschmack kombinierten sie sich mit Lidbewegungen: 2mal bei destilliertem Wasser, einmal bei Zitronensäure und einmal bei Chinin. Sie sind beim Neugeborenen sehr selten, während sie in der Mimik des Säuglings eine große Rolle spielen.

Die Bewegungen der *Lidmuskeln* spielen bei den Lichtreizen die Doppelrolle des Schutzes und des Ausdrucks des Unbehagens. Der M. obicularis schloß sich energisch 3mal bei Ammoniak und 3mal bei Chenopodiumöl; dies kann ebensogut ein Schutzreflex gegen reizende Dämpfe (Ammoniak) als ein Ausdruck des

Mißbehagens (Chenopodiumöl) sein. Der krampfhafte Augenschluß, das Kneifen, trat auch beim Geschmack auf: einmal bei Wasser, 2mal bei Zitronensäure, einmal bei Kochsalz und 3mal bei Chinin, in diesem Falle meist kombiniert mit andern mimischen Bewegungen. Die Öffnung der Lidspalte (M. levator palpebrae, Hornerscher Muskel) erschien nicht nur bei Reizen, die gewöhnlich Behagen erzeugten: 2 Kinder öffneten weit bei Chenopodiumöl, aber auch 2 bei Anis, bei letzterem wurde umgekehrt die Lidspalte 2mal verengt. Die Lidspaltenöffnung wird bei Sinnesreizen wahrscheinlich von verschiedenen Gefühlen beeinflußt. Es spielt ein gewisses Erstaunen (Chenopodiumöl) oder eine behagliche Beruhigung (Anisöl) mit.

Auch eine Falte quer über die Nasenwurzel, die durch den M. procerus hervorgerufen wird, kann sowohl bei angenehmen wie bei unangenehmen Sinnesempfindungen auftreten: ich sah ihn 3mal bei Milchzucker, einmal bei Zitronensäure, einmal bei Kochsalz und Chinin, 2mal bei Ammoniak.

Die *Lid-Wangen-Falte*, die in der Mimik des Menschen eine große Rolle spielt, trat nur 2mal bei Chinin auf, die senkrechte Wangenfalte, die sich bei der Mimik Erwachsener tief eingräbt, nie.

Die ausgeprägteste mimische Falte ist die *Nasen-Lippen-Falte* (Nasolabialfalte). Sie ist schon in leichter Form anatomisch vorgebildet, da sie mit dem Rand des Wangenfettes zusammenfällt, und verschwindet deshalb auch bei Entspannung der Muskeln nicht ganz. Durch die mimischen Muskelspannungen vertieft sie sich jedoch infolge der Zusammenziehung des M. quadratus superior und Zygomaticus. Doch kam auch sie verhältnismäßig selten bei den Neugeborenen zur Ausbildung: 2mal bei Wasser und bei Zitronensäure, 5mal bei Chinin und 4mal bei Chenopodiumöl; 2mal wurde sie von Lidfalten begleitet.

Die mimischen Bewegungen können sich auch bei starken Gefühlen auf andere Muskeln fortpflanzen, z. B. auf die Halsmuskeln, wobei der Kopf geschüttelt wird (4 Kinder).

Wie man sieht, treten bei Neugeborenen relativ oft *einzelne* Muskeln in Bewegung, während bei der ausgebildeten Mimik der Säuglinge dies nur selten der Fall ist. Es läßt sich deshalb bei ihm die Frage klären, ob, wie behauptet wird, die Mimik nur das Fortschreiten von Reflexen sei.

Nur je bei einem Kind beobachtete ich auf Sauer und Bitter ausschließlich Bewegungen der Muskulatur; bei den Gerüchen sind ausschließliche Bewegungen der Nasenmuskeln ebenfalls selten. Eine Ausbreitung auf weitere mimische Muskeln müßte sehr rasch erfolgen; werden sie angespannt, so hat man meist den Eindruck, daß dies gleichzeitig erfolgt. Viel mehr isolierte mimische Bewegungen erfolgen nicht in direkter Beziehung zum Empfangsorgan: z. B. Lidbewegungen bei Geschmacksreizen.

Ich habe nur wenige Beobachtungen machen können, die für eine Ausbreitung eines Reflexes sprechen könnten. Ein Kind vertiefte bei Chenopodiumöl und bei Ammoniak erst die untern Lidfalten und dann die Nasolabialfalte; ein anderes verhielt sich umgekehrt.

Die Nasolabialfalte hat nun mit der Nasenöffnung nichts zu tun; sie entspringt seitlich der Nase und zieht sich gegen die Mundwinkel herunter. Der Rezeptor war in beiden Fällen die Bindehaut des Auges. Der Ausdruck des Gefühls hat, wie wir schon oft gesehen haben, eine gewisse Unabhängigkeit von den Reflexen. Die Gefühle können Reflexe verstärken, aber auch korrigieren. Deshalb sind die Gefühle angeboren und nicht etwa die Folge von Reflexen. Die Stärke derselben ist wohl manchmal so schwach, so daß sie, ohne daß Lähmungen vorliegen, nur einseitige mimische Bewegungen erregen können.

Daß die *Gefühle angeboren* sind, beweist ihre starke Auswirkung gleich nach der Geburt bei der Angst und der Wut. Sie werden durch die Empfindungen unabhängig von den Reflexen ausgelöst.

Die Mimik ist für die Neugeborenen ein *Ausdrucksmittel,* wie das Weinen und Wimmern. Die Mutter ist ganz speziell darauf eingestellt, wenn sie auch hier und da falsch interpretiert; etwas Wahres ist aber auch dann noch dabei. Die Mimik bildet sich weiter aus, wenn sie von der Umgebung beantwortet wird, wie dies bei allen Gefühlsäußerungen der Fall ist. Da die Gefühlsäußerungen aber oft auch Reaktionen auslösen, die biologisch paradox sind — wenn z. B. Zucker ausgestoßen wird —, sind sie biologisch nur verständlich, wenn man den Neugeborenen schon als soziales Wesen auffaßt.

Das *Schreien* des Neugeborenen ist das akustische Ausdrucksmittel, das durch das optische, den schreienden Ausdruck, unterstützt wird, und auf das die Mutter fast reflexartig reagiert. Es bedarf schon starker intellektueller Kräfte, um diese reflexartige Reaktion auf die biologische Linie zu richten. Das Schreien des Neugeborenen besitzt noch nicht jene mannigfaltige Modulation der Säuglinge; sie ist bei ihm mehr konstitutionell als kausal bedingt. Das Hungerschreien ist meist periodisch, fängt mit kleinen Perioden an, um immer länger und stärker zu ertönen; wird das Kind nicht befriedigt, so führt die Ermüdung zum meist kurzen Schlaf, bis das Hungergefühl sich wieder stärker meldet. Wir sehen dabei ein periodisches Spiel zwischen Hunger und Ermüdung. Jedes Neugeborene hat beim Schreien seine individuelle Ausdrucksweise, so daß eine geübte Schwester das einzelne Kind genau herauskennt.

Der *erste Schrei* nach der Geburt, der philosophisch schon verschieden interpretiert wurde, vom Aufschreien des ersten ans Land geworfenen Meertieres bis zur Klage über dieses Jammertal, ist ebenfalls ein Ausdruck der Geburtsangst, ist aber wie so manches schmerzliche Empfinden im Grunde doch von biologischem Wert. Es entfaltet die Lunge durch eine tiefe Einatmung und stellt auch den Blutkreislauf um. Er ist so wichtig, daß er, wenn er nicht spontan erfolgt, durch Schläge herbeigeführt wird.

Es gibt angeborene Schreier. Häufig ist dies auch bedingt durch das Mißverhältnis zwischen Kalk und Phosphor im Blutserum, durch die Neugeborenen-Tetanie, auf die die Amerikaner aufmerksam machten. Auch auf die spastische Konstitution, bei der das Gegenspiel des sympathischen und parasympathischen Systems in großen Ausschlägen erfolgt, ist heftiges, scheinbar unbegründetes Schreien schon bei Neugeborenen zurückzuführen.

Nach *Preyer* soll das Neugeborene den *Ekel* nicht kennen. Er prägt sich aber in der Mimik sehr deutlich beim Erbrechen der Neugeborenen, das im Herauswürgen des bei der Geburt aspirierten Schleims besteht. Bei ihm wird selbst durch die süße Empfindung neues Würgen erregt und alle weitern Reaktionen gehemmt.

# 8. DAS GEDÄCHTNIS

## 8. DAS GEDÄCHTNIS

Nicht nur durch die Gefühle wird der Effektor beeinflußt, sondern auch durch ein *primitives Gedächtnis*. Eine Beobachtung, die mich auf das Gedächtnis des Neugeborenen aufmerksam machte, hat mich seinerzeit auf die Psyche der Neugeborenen geführt. Ich mußte einem Neugeborenen wegen einer Darmblutung eine Einspritzung machen und sie am folgenden Tag wiederholen. Während das Kind am ersten Tag erst bei der Einspritzung weinte, schrie es bei der zweiten schon, als ich die Haut mit Alkohol desinfizierte. Somit mußte der Sinneseindruck, den die Desinfektion auslöste, mit der Erinnerung an den Schmerz bei der Injektion verbunden sein. Da ich diese Beobachtung in jedem spätern Fall wieder machen konnte, muß ich annehmen, daß beim Neugeborenen ein Gedächtnis existiert. Doch tritt dieses nur bei starken Reizen oder in biologisch wichtigen Situationen in Funktion; bei wiederholten Reizen bildet sich ein bedingter Reflex aus. Zur Kontrolle habe ich bei 20 Neugeborenen in den ersten 24 Stunden eine Alkoholdesinfektion vorgenommen, wobei ein Kind wimmerte und eines leicht weinte, die übrigen aber nicht reagierten.

Bei meinen Versuchen hat ein Kind, als ich die Wärmeempfindung an seiner Hand prüfte, die Röhre gefaßt und an die Wange geführt, an der ich zuvor geprüft hatte: es bestand nicht nur eine Erinnerung an die Wärmeempfindung, sondern auch an die Hautstelle, die die Wärme empfunden hatte. Bei den Geschmacksprüfungen suchten einzelne Kinder nach dem Versuch die Watte, wenn mit Zucker geprüft wurde. An der Umstellung der Reaktionen hat das Gedächtnis auch einen gewissen Anteil; einzelne Kinder haben in Erinnerung an die frühere Empfindung sich gleich eingestellt, diese Einstellung aber nach der neuen Empfindung korrigiert.

Natürlich tritt das Gedächtnis nur in wenigen Situationen im Leben des Neugeborenen klar zutage; wir werden es beim bedingten (assoziativen) Reflex wiederfinden.

Ein Gedächtnis besteht aber nicht nur für Erfahrungen nach der Geburt; es gibt auch eine *vorgeburtliche Erinnerung*. Kinder von Wirtsfrauen sind nach den Beobachtungen unserer Nachtschwestern oft bis Mitternacht wach, ohne dabei zu schreien, während Kinder von Bäckersfrauen morgens 2—3 Uhr häufig unruhig werden. Durch die Tagesarbeit und die Nachtruhe der Mutter hat sich das Kind vor der Geburt schon an den rhythmischen Wechsel zwischen Bewegung und Ruhe gewöhnt. Mütter, die unruhige Nächte in der Schwangerschaft durchmachten, klagen später auch über Schlafstörungen der Kinder; daß dies eine Erinnerung ist und nicht auf der Nervosität der Mutter beruht, schließen wir daraus, daß wir es bei Neugeborenen beobachten können, die selten bei der Mutter sind, z. B. künstlich ernährten Kindern.

9. DIE TRIEBE

## 9. DIE TRIEBE

In gewissen Fällen wird die Reaktion selbst zu einem Reiz, der einen weitern Reflex auslöst. Dadurch entsteht ein sog. Kettenreflex. Richtiger gesagt handelt es sich um eine *Reaktionskette*, da die einzelnen Elemente nicht nur Reflexe, sondern auch Reaktionshandlungen, häufig auch Automatismen sein können. Das Führende ist dabei der Trieb, wie wir dies besonders bei der Nahrungssuche und Nahrungsaufnahme sehen. Der Trieb nach Nahrung ist wohl der auffälligste, aber nicht der einzige Trieb, der sich beim Neugeborenen geltend macht.

### A. Der Trieb nach Luft

Von noch unmittelbarerer biologischer Bedeutung ist der Trieb nach Luft, resp. Sauerstoff. Kinder mit Atmungshindernissen suchen diejenige Lage aus, in der sie mit der geringsten Anstrengung atmen können; dabei versuchen sie verschiedene Haltungen, bis sie die günstigste herausgefunden haben. Nicht alle können sich dabei selbst helfen. Sehr gut ist dies bei Neugeborenen mit angeborenen Kröpfen zu beobachten. Auch Kinder mit vermehrtem Sauerstoffbedürfnis, z. B. bei angeborenen Herzfehlern, verhalten sich ebenso. Kropfkinder werden oft im Schlaf gestört, worauf sie eine geeignetere Stellung suchen. Ist das Atmungszentrum geschwächt, so übernimmt ein tieferes Zentrum seine Aufgabe, wobei eine Schnappatmung auftritt, die allerdings auf die Dauer ungenügend ist. *Peiper* hat sie speziell studiert. So benützt der Trieb seine letzte Möglichkeit, seine biologische Aufgabe zu erfüllen.

Daß der Luftmangel zu Angst führt, haben wir schon gesehen; aber das Neugeborene reagiert schon vorher durch Bewegungen, durch die es instinktiv bessere Bedingungen für die Luftzufuhr schafft. Ist dies nicht möglich oder tritt der Luftmangel plötzlich auf, so stellt sich die Angst ein.


## B. Der Trieb nach Nahrung

Der *deutlichste* Trieb des Neugeborenen ist der Trieb nach Nahrung, meistens Saugtrieb genannt. Er wird ausgelöst durch den bewußt werdenden Bedarf an Nahrung, durch den *Hunger*. Dieser erhöht allmählich die *Rezeptivität* und die *Motilität*. Die Kinder wachen nach und nach auf, wodurch sie mehr Reize aufnehmen und auch auf die Reize mannigfacher antworten können. Sie bewegen sich erst indifferent, ohne bestimmtes Ziel. Diese unbestimmten Bewegungen können es aber ermöglichen, irgendwie der Nahrung näher zu kommen; sie sind aber auch in einem gewissen Sinne Ausdrucksbewegungen, indem dadurch die Umgebung auf sie aufmerksam wird. Deutlicher kommt dies bei dem nun einsetzenden *Wimmern* und *Schreien* zum Ausdruck. Daß es sich dabei um eine Instinkthandlung handelt, geht aus dem Umstand hervor, daß das Kind sie ausführt, bevor es die Nahrung überhaupt kennt; es muß sich um eine Stammeserinnerung, nicht um eine persönliche Erinnerung handeln, die aber später die Reaktion verstärkt.

Der Nahrungstrieb kann sich *schon beim ersten Bad* zeigen, bei dem einzelne Neugeborene triebartig versuchen, das Badewasser zu trinken. Da die Nahrungsaufnahme durch Verschlucken von Fruchtwasser schon vor der Geburt vorbereitet wird — was wir daraus schließen können, daß das Kindspech abgefallene Lanugohaare enthält —, haben wir einen weitern Beweis dafür, daß das Neugeborene beim ersten Bad an den Zustand vor der Geburt erinnert wird.

Wir haben gesehen, daß eine große Anzahl Neugeborener auf eine wiegende Bewegung, also nach der Seite, den Mund öffnet; ebenso bei seitlicher Berührung und seitlicher Wärmeempfindung. Diese Reaktionen sind so häufig, daß die angenommene Rolle des Geruchs kaum von entscheidender Bedeutung ist.

So kommt das Kind beim ersten Anlegen schon *vorbereitet* zur Mutter. Beim ersten Anlegen kommt es wesentlich darauf an, daß das Kind völlig wach ist. Ein früheres Anlegen führt zu Störungen, weil das Kind auf das Aufwecken, auch bei leichtem Schlaf, mit Abwehr und Unlustgefühlen reagiert. Es dreht, wie bei der Einstellreaktion, sein Köpfchen zur entgegengesetzten Seite. Dadurch wird die biologische Reaktionsreihe nicht eingeleitet, sondern gehemmt.

Auch wenn keine Störung eintritt, müssen doch die meisten Kinder das Saugen an der Brust *erlernen*. Bei den Geschmacksprüfungen habe ich Saugbewegungen mit dem Unterkiefer, wie sie der Säugling an der Brust ausführen muß, nur bei 4 Kindern gesehen; die übrigen saugten wie an der Flasche. Dies erklärt den merkwürdigen Umstand, daß die künstliche Ernährung mit der Flasche im allgemeinen weniger Saugschwierigkeiten macht. Daß auch dieses sonderbare Verhalten mit der Stammeserinnerung zusammenhängt, erhellt aus der Beobachtung, daß Kinder von Völkern, die die natürliche Ernährung nie aufgegeben und nie gering geschätzt haben, wie z. B. die Italiener, fast ausnahmslos an der Brust beim ersten Anlegen keine Schwierigkeiten machen. Bei uns, wo die künstliche Ernährung nicht mit vielen Gefahren verbunden ist, wurde der natürliche Sauginstinkt bis in die neueste Zeit nicht durch fortwährende Übung aufrechterhalten.

Wie wenig in einzelnen Fällen die Reflexreihe fixiert ist, sehen wir daran, daß etwa 1 % der Neugeborenen beim ersten Anlegen an die Brust *blasen*, statt zu saugen, und dieses eigentümliche Verhalten erst nach einigen Tagen verlieren.

Die ganze Reaktionskette des Saugens wird meist erst nach und nach *automatisiert*. Es wird dadurch eingeleitet, daß das Kind der Mutter gebracht wird. Die Lage bei der Mutter leitet nun die Suchbewegungen ein, wobei das Lagegefühl und die Wärmeempfindung, wie wir dies von den Versuchen wissen, nicht nur die Zuwendung des Köpfchens, sondern auch das

Öffnen des Mundes herbeiführen. Dadurch wird die grobe Einstellung bewirkt, während die feine Einstellung der Einstellreaktion reserviert ist. Wenn das Kind die Warze richtig gefaßt hat, fängt es in der Regel an zu saugen, setzt es aber besonders im Anfang nur weiter, *wenn Erfolg da ist,* d. h. wenn es durch Saugen wirklich Milch gewinnt. Der Erfolg ist auch für die nun folgende Automatisierung maßgebend. Ist die Reflexreihe richtig automatisiert, so geht in der Regel später alles maschinenmäßig weiter. Das Kind schließt dabei die Augen, was zur irrigen Auffassung geführt hat, es schlafe beim Trinken, während es dadurch nur störende Reize fernhält. Schläft das Kind an der Brust wirklich ein, so läßt es die Warze los. Gegen Ende des Stillens wird die Saugbewegung periodisch; d. h. sie setzt in immer größer werdenden Unterbrüchen aus. *Peiper* hat diese Erscheinung mit der periodischen Atmung in Parallele gesetzt.

Schließlich läßt das Kind die Warze endgültig los und verfällt dem Schlaf; nur wenige behalten noch einige Zeit die Warze im Mund. Sowohl die Rezeptivität wie die Motilität sinkt auf ein Minimum. Jede Störung des Einschlafens wird mit starken Unmutsäußerungen beantwortet. Versuche, die in diesem Zustand vorgenommen werden, bewirken vor allem Fluchtbewegungen vom störenden Reiz weg. Ist das Kind eingeschlafen, so treten fast ausschließlich Abwehrreflexe auf. Beim Einschlafen sind die wenigen Bewegungen, die man noch beobachten kann, im Dienst des Wärmeschutzes und Wärmesuchens. Auch werden die Extremitäten an den Rumpf und die Beinchen hochgezogen, die Arme vor die Brust und die geballten Händchen vor den Mund gehalten. Die Schlafstellung des Säuglings mit senkrecht abduzierten Oberarmen und nach oben gehaltenen Vorderarmen kennt das Neugeborene meist noch nicht.

Gewinnt das Kind keine Milch, so erlahmt es nach und nach; immer schwieriger wird es, das Kind zum Saugen zu bringen. Versucht man dies, so reagiert das Kind mit Unlust. Es braucht oft eine große Diplomatie, die Reaktionskette wieder einzuschleifen. Oft gelingt es der Pflegerin, dies dadurch zu erreichen, daß sie etwas Milch ausdrückt. Auch sind anfängliche *Pflegefehler* schwer zu korrigieren; die ganze natürliche Ernährung kann Schiffbruch leiden, wenn eine ungeschickte Pflegerin durch unsanftes Anfassen das Kind in Unluststimmung bringt, während eine andere mit »beseelter Hand« nur selten auf Schwierigkeiten stößt. Läuft die Milch ohne Saugen heraus, so leckt das Kind sie ab; auch dadurch lernt das Kind das Saugen nicht, weil es nicht gezwungen ist, die doch ziemlich anstrengende Saugbewegung auszuführen. Ebenso kann ein vorzeitiger Schoppen das Stillen in Frage stellen. Beim Stillen wird erst die Warze und damit die Milch in den luftleeren Raum, den die Zunge und der Unterkiefer durch das Senken herstellen, hineingezogen; darauf preßt die Zunge mit dem Unterkiefer die Milch aus Warze und Warzenhof aus. Ersteres muß das Kind an der Flasche nicht tun, da sich der Sauger durch seine Elastizität mit Milch füllt.

Alles, was irgendwie mit dem Saugen zusammenhängt, prägt sich das Neugeborene bereits in den ersten Tagen ein. Nimmt die Schwester das Kind aus dem Bettchen, so beginnt es die Suchbewegungen, in einzelnen Fällen sogar so stark, daß es durch die Kleider die Brust der Schwester findet. Im Sanatorium St. Anna wird, wie bereits erwähnt, jeweils der Name des Kindes gerufen, das aus dem Bettchen genommen wird, um es der Mutter zu bringen; es gibt nun Kinder, die schon beim Rufen ihres Namens in der 2. Lebenswoche unruhig werden, jedoch nur wenn immer dieselbe Schwester spricht; spricht eine andere, so reagiert das Kind nicht. Tritt die Mutter vor das Bettchen und spricht mit ihrem Kind, so wird es stärker unruhig; spricht sie mit einem andern Kind, so bleibt im Gegensatz das fremde Kind ruhig. Wie schon erwähnt, wurde ein Kind auf die Stimme seiner Mutter unruhig, das bei der Prüfung mit der Tonpfeife auf keinen Ton reagiert hatte. Der Ton der Pfeife bedeutete für das Kind einen reinen Sinnesreiz, während die Sprache der Mutter Erinnerungen und Gefühle weckte. Wenn die Schwester das Kind nach dem Trinken holt und dabei mit der Mutter spricht, lassen einige Neugeborene die Warze los, andere stürzen sich heftig wieder auf die Brust, um rasch noch ein paar Züge zu gewinnen.

Nicht nur bei der natürlichen Ernährung prägen sich Einzelheiten, die mit der Fütterung zusammenhängen, im Gedächtnis des Neugeborenen ein. Ein Frühgeborenes aus dem 7. Schwangerschaftsmonat öffnete schon am 4. Lebenstag, wenn es die Schwester sprechen hörte, die es fütterte, den Mund; auf das Sprechen anderer Schwestern reagierte es nicht. So bildete sich ein bedingter (assoziativer) Reflex aus. Daß es sich dabei jedoch nicht um einen reinen Reflex handelte, sah man aus folgendem Verhalten. Das Kind erhielt die Nahrung dreimal mit dem Löffelchen, dreimal mit der Sonde. Vor der jeweiligen Sondenfütterung öffnete es das Mündchen deutlich weiter, und zwar bevor die Sonde oder irgend etwas anderes am Mund anstieß, was ich persönlich kontrollieren konnte. Auch andere Erinnerungen, z. B. an die Lage beim zuletzt vorangegangenen Stillen, können sich bemerkbar machen. In den ersten Tagen des Stillens kommt es vor, daß die Kinder nicht saugen wollen; legt man sie nun zuerst an die Brust, an der sie zuletzt getrunken haben, und dann, wenn die Reflexreihe in Gang gekommen ist, rasch an die andere Brust, die an der Reihe ist, so saugen sie störungslos. Nach wenigen Tagen fällt diese Störung weg. Wiederholt haben wir beobachtet, daß die Kinder, wenn sie zur Mutter gebracht werden und die Schwester aus irgendeinem Grunde stehenbleibt, schreien, sofort aber aufhören, wenn die Schwester ihren Weg fortsetzt.

Eine Umklammerung der Mutter haben wir beim Stillen von Neugeborenen nie sehen können; dagegen kann man oft in der 2. Woche einen gewissen strahlenden Blick beim Kind beobachten, wenn es die Mutter sieht.

Im Anschluß an den Nahrungstrieb muß ich das *Lutschen* noch besprechen. Es gibt Kinder, die wenige Minuten nach der Geburt so ausgebildet lutschen, mit einer solchen Sicherheit mit dem Daumen den Mund finden, daß man daraus schließen kann, daß sie schon vor der Geburt gelutscht haben. Solche Kinder saugen gewöhnlich sofort; es liegt nahe, anzunehmen, daß das Lutschen vor der Geburt eine Einübung darstellt. Bei der großen Bedeutung, die besonders *Stern* mit Recht dem einübenden Spiel für die seelische Entwicklung beimißt, würde es sich um die früheste Äußerung dieses Entwicklungsprinzips handeln. Später bekommt das Lutschen die Bedeutung eines Beruhigungsmittels und kann erst viel später eine sexuelle Komponente erhalten. Der Lutschtrieb macht somit einen Funktionswechsel durch. Im Interesse des Stillens soll das Lutschen bei Neugeborenen verhindert werden, damit die Vorübung ihren eigentlichen Zweck nicht verfehlt. Das Lutschen setzt die Rezeptivität und Motilität der Neugeborenen herab und kann dadurch das Saugen stören.

Durch die Fütterung bekommt das Neugeborene, wenn die Mahlzeiten in regelmäßigen Intervallen verabfolgt werden, einen gewissen *Zeitsinn*. Richtig ernährte Kinder wachen kurz vor der Trinkzeit auf. Man ist nun leicht geneigt, dies auf den Hunger allein zurückzuführen; da es aber leicht gelingt, die Kinder an das Aussetzen der Nahrung während der Nacht zu gewöhnen, kann dies nicht der einzige Faktor sein. Hier wird die Pflege unterstützt durch die vorgeburtliche Erinnerung, von der ich beim Gedächtnis schon gesprochen habe; der Zeitsinn kann aber durch unrichtige Pflege ebenso leicht gestört, wie er durch richtiges Verhalten automatisiert werden kann.

## C. Der Bewegungstrieb

Beobachtet man ein Neugeborenes fortwährend während längerer Zeit, so sieht man, daß es sogar im Schlaf nie vollkommen ruhig ist, wenn auch die Bewegungsreihen ganz unbestimmt sind. Sie werden wahrscheinlich ausgelöst durch eine lokale mangelhafte Blutzirkulation, die zu einem Lagewechsel führt. Die Bewegungsreihen werden viel mannigfaltiger, wenn das Kind wach ist; noch stärker, wenn durch Auswickeln eine gewisse Freiheit für die Bewegung eintritt. Beim ausgewickelten Kind beobachtet man häufig ein spontanes Spreizen und Schließen der Finger, wobei Stellungen entstehen, die wir Erwachsene kaum nachahmen können. Besonders fällt eine gewisse Unabhängigkeit des Kleinfingers auf, trotzdem sie natürlich nicht derjenigen des Daumens gleichzusetzen ist; bei den Greifversuchen haben wir dasselbe beobachtet. Auch die Füße und Zehen zeigen ein lebhaftes Spiel: Plantarflexion wechselt mit Dorsalflexion, die oft mit einer Spreizung der Zehen verbunden wird. Auch hier fällt die relative Unabhängigkeit nicht nur des Großzehens, sondern auch des 5. Zehens auf.

Dieses freie Spiel der Muskeln wird durch den Bewegungstrieb ausgelöst. Es handelt sich nicht wie beim Schlaf um einfache Lageänderungen, auf die wieder eine gewisse Zeit Ruhe eintritt. *Bewegungsreihen* treten auf, deren *Enderfolg eine Befreiung aus der hemmenden Umgebung* ist. Durch Winden des Körpers kann das Kind sich aus der Umhüllung herausarbeiten, wobei die Richtung des geringsten Widerstandes mehr Bewegungen anreizt als die entgegengesetzte Richtung; erfolglose Bewegungen werden allerdings nicht ganz ausgeschaltet. Doch besteht immer deutlich die *Methode des Trials,* deren Bedeutung in der Biologie durch amerikanische Forscher hervorgehoben wurde.

Am deutlichsten konnte ich dies an Bewegungsreihen studieren, die bei einzelnen Neugeborenen *gegen die Fesselung der Hände durch Fausthandschuhe* gerichtet waren. Im Sanatorium St. Anna in Luzern gebrauchen wir bei Neugeborenen Fausthandschuhe, um sie vor gelegentlichen Selbstverletzungen zu schützen. Unter 150 Neugeborenen, die ich darauf beobachtete, haben 23 Kinder, 16 Mädchen und nur 7 Knaben, durch Bewegungsreihen sich aus den Fausthandschuhen, die man ihnen angebunden hatte, befreien können. Einzelne haben durch reibende Bewegungen das Bändchen gelockert, das um die Handwurzel geknotet wird; bei andern mag das Bändchen zu locker angelegt worden sein. Sobald gewisse Kinder eine Lockerung des Bändchens wahrnehmen — was ich auch versuchsweise selbst ausführte —, beginnen Bewegungen, die auf eine gänzliche Befreiung hinzielen. Diese Bewegungen dauern nun nicht beständig an, sondern werden durch mehr oder weniger lange Zwischenpausen unterbrochen, sind also periodisch. Hier und da gehen auch die Bewegungen nach einer andern Richtung, so daß es den Eindruck macht, der Beobachter solle dadurch abgelenkt werden, wie man dies bei der Beobachtung frei lebender Tiere sehen kann. Ich glaube aber kaum, daß diesen Unterbrüchen ein derartiger unbewußter Zweck zugrunde liegt. Eher ist es eine spezielle Eigenschaft der Psyche des Neugeborenen, bald zu ermüden, dann aber eine andere Bewegungsreihe anzufangen, um schließlich auf die erste zurückzukommen.

Sobald eine hinreichende Lockerung erreicht ist, wird entweder der Handschuh weggeschleudert oder die Hand aus dem Handschuh herausgezogen, wenn er irgendwie fixiert ist. Nie wird, wie im spätern Alter, der Handschuh von der andern Hand weggezogen. Der Neugeborene versucht dies zwar; doch reicht die Kraft seiner Finger nicht aus, um den Handschuh erfolgreich zu fassen.

3 Kinder konnte ich beobachten, wie sie in der ersten halben Stunde sich vom Handschuh befreiten. Unter den Kindern, die sich befreien konnten, waren sogar 4 unreife Kinder.

Ist die *Entfesselung* an einer Hand gelungen, so tritt für kurze Zeit Ruhe auf; doch ist die Ruhe erst von Dauer, wenn auch der zweite Handschuh entfernt ist. Denn bald versucht das Kind, auch die zweite Hand zu befreien, wobei die Erfahrungen bei der ersten Hand verwertet werden. Am bestimmtesten sah ich dies bei einem Neugeborenen, dem es gelang, den gelockerten Handschuh zwischen Unterlage und Kopf zu fixieren, so daß es die Hand herausziehen konnte; kurze Zeit darauf versuchte es auch die andere Hand zu befreien, indem es den Handschuh auf die gleiche Art fixierte.

Die *Entfesselungsreaktion* legt zwei Gedanken nahe: Die *Verwertung der Erfahrung* zeugt nicht nur von einem Gedächtnis, sondern setzt bereits eine primitive Intelligenz voraus. Bei Tierexperimenten hätte man sicher diesen Schluß gezogen; man muß ihn aber auch beim Neugeborenen tun. Doch darf man nie vergessen, daß ein Verhalten, dem eine primitive Intelligenz zugrunde liegt, nur relativ selten zu beobachten ist. Ob diese Seltenheit dadurch bedingt ist, daß es nur selten Situationen gibt, in denen das Neugeborene seine primitive Intelligenz zeigen kann, oder ob nur wenige Neugeborene dazu fähig sind, kann ich nicht entscheiden.

Aber nicht nur ein *Vorläufer der Intelligenz*, sondern auch des *Willens* scheint aus den Beobachtungen über die Entfesselungsreaktion hervorzugehen. Trotzdem die Bewegungskette immer wieder abgerissen wird, nimmt sie das Neugeborene nach kurzer Zeit wieder auf. Während beim Kettenreflex aus jeder motorischen Reaktion ein neuer Reiz entsteht, fallen bei der Entfesselungsreaktion zeitweilig Reize weg. Nach einer Pause wird die Bewegungsreihe wieder unbeirrt aufgenommen und neue Bewegungen versucht, um die neue Situation auszunützen. Das Ziel, größere Bewegungsmöglichkeiten zu verschaffen, wird mit großer Beharrlichkeit zu erreichen versucht; ja, die Ruhepausen, die das Neugeborene einschaltet, weil es eben eine leichte Ermüdbarkeit hat, dienen ebenfalls dazu, das wohl nur schwach bewußte Ziel zu erreichen.

Im Gegensatz dazu steht eine weitere interessante triebartige Bewegungsreihe: das *Kriech- und Schreitphänomen* der Neugeborenen.

Das Kriechen tritt auf, wenn wir das Kind auf den

Bauch legen; das Schreiten, wenn wir das Neugeborene so in senkrechter Haltung fixieren, daß seine Fußsohlen eine Unterlage berühren. Natürlich muß dabei das Kind gut in der Wirbelsäule gestützt werden; auch muß man den Körper gestützt entsprechend der Schreitbewegung nach vorwärts bewegen. Beim Schreiten hebt es das Knie oft über die Höhe des Hüftgelenks und kann einige Sekunden in dieser Stellung verbleiben.

Da es sich dabei nicht um eine biologisch wertvolle Bewegungsreihe wie bei der Nahrungsaufnahme handelt, ist es verständlich, daß nur 28 % der Neugeborenen am 1. Tag in Bauchlage krochen und 16 % richtige Schritte ausführten, wenn man sie mit Unterstützung von Rumpf und Kopf auf die Füße stellte. Die Bauchlage genügte bei 12 % der Neugeborenen, um Kriechbewegungen auszuführen, während die übrigen 16 % erst krochen, wenn man ihre Fußsohlen mit der Hand stützte, also eine Druckempfindung dazutrat. Wie bei den Schreitbewegungen werden dabei durch Berührungs- und Druckempfindungen alternierende Beuge- und Streckbewegungen ausgelöst, die in der Rückenlage nur bei viel weniger Kindern als kollateraler Fußsohlenreflex auslösbar waren. Beim Kriechen und beim Schreiten muß deshalb irgendwie das statische Organ mit beteiligt sein. Bei diesem ersten Kriechen handelt es sich nicht um einen Vierfüßergang, wie später, sondern um ein Vorwärtsschieben des Körpers auf der Unterlage.

Diese beiden Phänomene zeigen während der Neugeborenenzeit eine *Reifung*. Während das Saugen an der Brust durch fortwährende Übung, aber ebensosehr durch den Erfolg sich rasch vervollkommnet, so daß beide Faktoren bei der Weiterentwicklung einander ergänzen, so fehlt beim Kriechen und Schreiten jegliche äußere Beeinflussung, so daß wir hier ein Beispiel *reiner innerer Reifung* vor uns haben.

Am Ende der Neugeborenenzeit krochen 59 % statt 28 % am 1. Lebenstag, schritten 58 % statt 16 %. Während das Kriechen am 1. Lebenstag häufiger war als das Schreiten, haben nach 10—14 Tagen von 100 geprüften Kindern beinahe gleichviel Kinder geschritten wie gekrochen. Zwischen den beiden Prüfungen fanden keine weitern Prüfungen statt, so daß es sich nicht um das Ergebnis der Übung handeln kann.

Das Kriechen und Schreiten *verliert sich* in der Säuglingszeit im 3.—5. Monat, so daß es merkwürdigerweise nicht mit dem spätern Kriechen und Schreiten in direktem Zusammenhang steht. Erst mit 9—10 Monaten kriecht und schreitet der Säugling wieder, wenn man ihn auf den Bauch legt oder aufrecht hält.

Der Zweck dieser Bewegungsreihen, die doch relativ häufig zu beobachten sind, ist unklar. *Bauer* und *Peiper* haben zwei Möglichkeiten erwähnt: der Trieb nach Nahrung oder der Trieb zur Flucht. Für die erstere Möglichkeit spricht, daß beide Bewegungsreihen durch die Sättigung gehemmt werden; doch schränkt die Sättigung die Motilität im allgemeinen ein. Da die Kinder weder auf dem Bauch liegend noch stehend gestillt werden, bei der Pflege nur kurze Zeit auf den Bauch gelegt, aber kaum je gestellt werden, so handelt es sich bei beiden Lagen um unphysiologische Reize, auf die das Kind wie eine Reflexmaschine antwortet. Es ist dies übrigens der einzige Beobachtungsfall, bei dem ich das Neugeborene als Reflexmaschine ansprechen kann, für die man es gewöhnlich fälschlich hält. Beobachtet man den Gesichtsausdruck, so sieht man, daß das Bewußtsein dabei keine große Rolle spielt; im Gegenteil: das Kind wird leicht abgelenkt und stellt die Bewegungen ein.

Manches spricht dafür, daß Fluchtmomente auch eine gewisse Rolle spielen. Das Neugeborene sucht sich ja dem Unangenehmen zu entziehen entweder durch Zurückziehen des gereizten Körperteils oder durch allgemeine Fluchtbewegungen. Ein jüngerer Säugling flüchtet sich aber durch Wälzen des Körpers. Auf diese Weise haben sich 9 % der Kinder, die ich in den ersten 24 Stunden auf den Bauch legte, der ihnen unangenehmen Bauchlage entzogen, während 12 % ohne weiteres krochen, dabei aber nicht die unangenehme Lage gegen eine angenehmere vertauschten.

Bei Berücksichtigung aller Momente kann ich in den Kriech- und Schreitbewegungen nur die Äußerung eines unbestimmten Triebes nach vorn, nach vorwärts sehen, analog dem Fluchttrieb bewußtseinsgetrübter Sterbender.

# 10. SCHLUSSFOLGERUNGEN

## 10. SCHLUSSFOLGERUNGEN

Aus der Gesamtheit der aufgeführten Beobachtungen folgt, daß das Neugeborene *nicht, wie bisher angenommen, eine »Reflexmaschine«* ist, sondern daß auch dort, wo nur Reflexe auftreten, sie immer noch im Dienste eines höhern Prinzips, des Prinzips der Erhaltung und Entfaltung des Einzelwesens, somit der Seele, stehen. Nur beim Kriech- und Schreitphänomen ist ihre Rolle unklar.

Wohl stellen die Reflexe *einen ersten Schutz* dar; genügen sie nicht, so treten kompliziertere Bewegungsreihen, also Handlungen auf. Diese sind oft durch *Gefühle* veranlaßt; aber diese Gefühle wenden sich noch mehr durch *Mimik, Haltung* und *Schreien* an ältere Menschen, an die Mutter und die Pflegerin, *um Hilfe*. Dieser Appell an Hilfe kann so stark sein, daß die erste Reaktion nicht mehr in der Richtung der Selbsthilfe geht und es deshalb zu paradoxen Reaktionen kommt. Wie sehr das Neugeborene auf die Menschen der Umgebung eingestellt ist, zeigten die Beobachtungen des Greifens mit der Hand: es läßt den toten Gegenstand fallen; ja, es stößt ihn auch weg, während es den Finger faßt, selbst wenn der Gegenstand einigermaßen die Form des Fingers nachahmt. Später übernehmen *Automatismen* die Stelle der Reflexe, um die nützliche Bewegung möglichst rasch eintreten zu lassen. Es ist Aufgabe der Pflege, diese Automatismen möglichst sinngemäß und ungestört einschleifen zu lassen.

Die seelischen Erscheinungen sind zusammen bedingt durch den *Faktor der angeborenen Fähigkeiten* und den *Faktor der Umwelt*.

Erstere zeigten sich bei unsern Beobachtungen als Folgen des *ererbten Körperbaues*, aber auch der Stammeserinnerung, der *ererbten Instinkte*. Wieweit sie mitspielt, haben wir oft gesehen: wenn bei den Sehprüfungen das Kind eines Malers bzw. eines Optikers am besten abschnitt, ist dies kein Zufall.

Der *Faktor der Umwelt*, der persönlichen Erfahrung, fängt schon mit dem Geburtserlebnis an, ja in einzelnen Fällen mit vorgeburtlichen Erfahrungen. Daß auch die Pflege, das Verhalten der Umwelt, eine große Rolle spielt, sehen wir sowohl in nützlichem wie schädlichem Sinne. Wir müssen zwar unterscheiden zwischen einer Weiterentwicklung durch Übung und einer innern Reifung, letztere bedingt durch die Entwicklung des Nervensystems; sie tritt ohne Übung auf (Kriech- und Schreitphänomen). Die Weiterentwicklung durch Übung sehen wir am besten beim Stillen. Ich habe bei einem Neugeborenen 6 Tage hintereinander die Geschmacks- und Geruchsprüfungen vorgenommen. Dabei wurden von Tag zu Tag immer mehr Reflexe durch immer kompliziertere Handlungen ersetzt. Die Art, wie er die Watte mit Chinin entfernte, wurde immer energischer; zuletzt warf er den Watteträger mit Wut fort. Bei den Geruchsprüfungen trat aber eine Weiterentwicklung der Reaktionen nicht ein.

Wir sehen auch, daß der Streit der Nativisten und Empiristen sich nicht zugunsten der einen oder der andern entscheiden läßt: die Seele richtet sich *nach der biologischen Forderung*, ob angeborene oder erworbene Fähigkeiten die erste Führung erhalten. Nie kann aber der eine Faktor völlig ausgeschaltet werden.

Bei der Analyse dieses Widerstreites taucht die Frage auf, ob nicht noch *ein dritter Faktor* im Spiele sei, den ich als den Individualfaktor bezeichnet habe. Einen solchen legt schon die Entwicklung der Persönlichkeiten nahe. Daß irgendein Faktor letzte Instanz sein muß, fordert die kausale Betrachtungsweise. Schwieriger aber ist es, diesen Individualfaktor zu beweisen. Ich habe einen Versuch gemacht bei 2 *eineiigen Zwillingen*, die völlig gleich gehalten wurden, sich aber doch, vor allem beim Stillen, verschieden verhielten. Auf Grund weiterer Erfahrungen, gerade durch die mitgeteilten Beobachtungen, werde ich in geeigneten Fällen diese Versuche möglichst rein fortsetzen können. Entscheidend sind nur Beobachtungen an eineiigen Zwillingen, die ein gleiches Geburtserlebnis hinter sich haben. Wie sehr diese eine gemeinsame Bindung haben, zeigt eine Beobachtung, die wir stets machen können: Stellt man die Bettchen beider Zwillinge nicht nahe nebeneinander, so werden sie unruhig; sie beruhigen sich aber, wenn man sie zusammenstellt. Zweieiige Zwillinge verhalten sich aber völlig indifferent. Es ist schwer zu sagen, worauf dies beruht; denn wir haben sie nie zusammen in ein Bettchen gelegt. Es ist möglich, daß hier eine Art *Telepathie* mitspielt. Daß eine solche nicht ausgeschlossen ist, zeigt folgendes: Wenn ich versuchte, Neugeborene, besonders deren Mimik, zu zeichnen, so wurden sie immer unruhiger, so daß ich zuletzt nichts Befriedigendes mehr herausbrachte; dies erfolgt auch bei geschlossenen Augen. Eine Zeichnerin hat mir das gleiche mitgeteilt, ohne daß ich sie zuvor darauf aufmerksam gemacht oder befragt hätte.

Unsere Beobachtungen lassen auch schließen, daß *die Seele des Neugeborenen bereits strukturiert* ist. Die drei Verhaltungsweisen gegenüber unangenehmen Reizen sind dieselben, wie wir sie auch bei Erwachsenen beobachten: der eine entzieht sich dem Unangenehmen, der andere jammert, und ein dritter geht aktiv gegen die Ursache der unangenehmen Empfindung oder Erfahrung vor. Ob dieses Verhalten während des ganzen Lebens gleichbleibt oder sich ändert, wird Aufgabe weiterer Beobachtungen sein.

Für die Struktur der Seele des Neugeborenen sprechen vor allem die *Antezipationen*, worauf *Koffka* zuerst hingewiesen hat.

Unter *Antezipationen* versteht man Verhaltungsweisen, die einer spätern Entwicklungsstufe angehören und gewissermaßen verfrüht auftreten. Sie bilden Ausnahmen, die nur vereinzelt zu beobachten sind und auch nur durch einzelne Reize ausgelöst werden; einen Grund, warum sie und nicht primitivere Reaktionen entstehen, konnte ich nie herausfinden. Auffallend ist bei ihnen, daß sie in koordinierten Bewegungen erfolgen, während die gewöhnlichen Bewegungen der Neugeborenen unkoordiniert sind. *Shin* hat die frühesten Antezipationen im Alter von 3 Wochen gesehen; ich beobachtete sie einigemal schon am 1. Lebenstag.

Die *Umkehr der Reaktion auf Sinnesreize* läßt sich nicht mit Reflexen erklären. Es gibt zwar Stoffe, die erst die eine, später eine andere Geschmacksqualität haben, wie das Magnesiumsulfat; unter meinen Prüfstoffen findet sich jedoch kein solcher Stoff. Die erste Reaktion kann primär oder die Folge einer Sinnesempfindung sein, die durch Erinnerung oder Stimmungslage eine besondere Färbung bekam, später jedoch, wenn sie zu einer *klaren Wahrnehmung* wird, sich *korrigiert*. Die Empfindung wird zur Wahrnehmung; sie bleibt meist nicht als reine Empfindung bestehen. Sie wird zu einer *primitiven Vorstellung*, die mehr oder weniger klar im *Gedächtnis* bleibt und mit spätern Vorstellungen assoziiert wird. Schon das Verhalten Neugeborener auf Einspritzungen zeigt, daß Empfindungen bei der Desinfektion, die nur selten Reaktionen nach sich ziehen, doch mit dem Schmerz beim Einstich assoziiert werden. Wie weitgehend die Sinnesempfindungen als komplexe Vorstellungen assoziiert werden, zeigen auch die Reaktionen Neugeborener späterer Tage auf die Stimme der Schwester, die das Kind zum Stillen bringt oder selbst füttert.

Damit sind wir zum *»bedingten Reflex«* gekommen. Unter einem bedingten Reflex versteht man eine Reaktion, die nicht auf den ursprünglichen Reiz eintritt, sondern auf einen Reiz, der neben oder kurz nachher aufgenommen wurde. Der bedingte Reflex wurde von dem Physiologen Pawlow entdeckt, von Krasnogorski weiter studiert und von Czerny in die

Kinderheilkunde eingeführt. Er spielt eine so große Rolle, daß nach Razran bis 1938 über 1500 Arbeiten über ihn erschienen sind. Auf ihn baut sich die sog. *objektive Psychologie* auf, die den 1863 von Sechenoff aufgestellten Satz, daß alle psychischen Vorgänge nur auf Reflexen beruhen, zur bewiesenen Voraussetzung nimmt. So kam es, daß vom Entweichen des Röhrenwurms aus dem Schatten bis zum Forschungsreflex des Homo sapiens (Gesell) alles zur »objektiven« Psychologie zusammengefaßt wurde.

*Gesell* betont aber mit Recht, daß alle Beobachtungen, die man auf bedingte Reflexe bezieht, nicht von dem Begriff der Assoziation und des Lernens getrennt werden können. *Bechtereff* hat den bedingten Reflex einen assoziativen Reflex genannt, ihn also schon früher mit der Assoziation verbunden. Wohl am treffendsten könnte man ihn *assoziative Reaktion* nennen. Gesell stellt fest, daß die Experimente mit dem bedingten Reflex nur wenig die Kinderpsychologie aufklären konnten und daß die Resultate der Rattenexperimente nur mit äußerster Vorsicht auf sie übertragen werden dürfen. »Das Rätsel der Kindheit des Menschen verlangt Respekt sowohl aus theoretischen wie praktischen Gründen« (Gesell).

Ich habe keine solchen Versuche gemacht. Wo ich auf den bedingten Reflex hinwies, handelte es sich um zufällige Beobachtungen; ich habe ihn schon am 4. Tage gesehen. Es ist auffallend, daß in Amerika, wo man sich am eingehendsten mit Kinderpsychologie befaßt, die Rolle, die der bedingte Reflex spielt, stark zurücktritt, ganz im Gegensatz zur »objektiven Psychologie«. Meine Beobachtungen führten mich nur zum Schluß, *daß schon bei Neugeborenen Assoziationen* gebildet werden; sie dienen auch dazu, die *Annahme eines Gedächtnisses* der Neugeborenen zu bestätigen. Keineswegs darf man alle psychischen Vorgänge mit dem bedingten Reflex erklären wollen, wie dies Wintsch mit erstaunlicher Konsequenz bei der Beschreibung der seelischen Entwicklung seines Kindes getan hat. Meine Beobachtungen zeigen auch, daß es psychische Vorgänge schon beim ersten Reiz gibt, den man auf Neugeborene wirken läßt, wo doch noch kein bedingter Reflex möglich ist.

Noch in einer weiteren Frage stehe ich auf Grund meiner Beobachtungen im Gegensatz zur »objektiven« Psychologie. Diese verneint oder übergeht die *Frage des Bewußtseins der Neugeborenen.* Sagt doch *Peiper,* ein guter Kenner der Neuropsychologie des Säuglings und Anhänger der objektiven Psychologie, daß er nie auf Beobachtungen gestoßen sei, die die Existenz eines Bewußtseins beim Neugeborenen wahrscheinlich mache.

Der *Wachzustand* unterscheidet sich bei uns Erwachsenen außer durch die motorische Hemmung durch den Zustand des Bewußtseins. Er ermöglicht uns durch die Aufnahmefähigkeit für kompliziertere Reize eine gewisse Freiheit der Reaktion. Dürfen wir diese Erfahrungen an uns selbst auch auf den Neugeborenen übertragen? Ich glaube nicht, daß etwas, das für uns selbst von so großer Wichtigkeit ist, aus der Diskussion ausgeschaltet werden darf. Es ist allerdings nicht leicht, zu entscheiden, ob ein Neugeborenes wach ist oder schläft; dazu braucht es Übung und Vertrautheit mit Neugeborenen. Geschlossene Augen sind beim Neugeborenen kein Beweis des Schlafes. Auch ist der Schlaf nicht immer gleich tief, am tiefsten einige Stunden nach der Geburt. Er ist auch nicht an die Nachtzeit gebunden; denn es gibt Neugeborene, die nachts wach sind, ohne sich bemerkbar zu machen. Wir haben aber doch gesehen, daß die Art der Reaktion des Neugeborenen wesentlich davon abhängt, ob es schläft oder wacht. Im *Schlaf,* wobei ich in erster Linie den ersten Schlaf meine, der sich am besten kontrollieren läßt, erhalten wir *keine oder nur schwache Reaktion oder einfache Reflexe.* Besonders deutlich zeigte sich der Unterschied bei der Einstellreaktion. Bei ihr waren das Öffnen des Mundes, das Senken der Unterlippe sowie die Handlungen, die Fingerkuppe mit dem Händchen in den Mund zu bringen, an den Wachzustand gebunden. Es besteht also auch beim Wachzustand des Neugeborenen eine gewisse Freiheit der Reaktion.

Mit andern Beobachtungen zusammen muß ich schließen, daß schon beim Neugeborenen ein *Zustand besteht, der dem bewußten zum mindesten ähnlich ist, und aus dem das spätere Bewußtsein kontinuierlich hervorgeht,* indem es sich immer mehr mit Bewußtseinsinhalt füllt.

Nicht nur das Bewußtsein des Neugeborenen — auch eine gewisse passive Aufmerksamkeit ließ sich bei den Sehversuchen beobachten. Daß auch eine gewisse, wenn auch schwache aktive Aufmerksamkeit bestehen kann, zeigten die Beobachtungen, wo die

Kinder buntgekleidete Personen, die sie aus dem Gesichtsfeld verloren, suchten. Bei den Geschmacksprüfungen suchten sie mit den Augen den Wattenträger mit Zuckerlösung, beim Geruch die Röhre mit Anisöl.

Daß Neugeborene über ihren eigenen Körper nur mangelhaft orientiert sind, beweist ein Vorkommnis, das wir schon einigemal beobachten konnten. Bei unkoordinierten Bewegungen gerät das Kind mit seinen Fingern an die Haare und faßt reflektorisch. Es zupft sich nun bei weitern Bewegungen, gerät dabei in Wut, läßt aber nicht los, bevor es ermattet ist.

Erst im Säuglingsalter bildet sich das Wissen um sich selbst, das Selbstbewußtsein, aus, wobei das Spiel mit den Händchen eine wesentliche Rolle spielt. Ich habe dies in meinem Buch »Das erste Erleben des Kindes« dargestellt und könnte es heute in viel beweisenderer Form darstellen.

Kurz will ich noch auf die *Libido der Psychoanalytiker* kommen. Sie soll besonders in der Neugeborenenzeit stark in den Vordergrund treten. Nun beobachtet man wirklich bei Neugeborenen häufig eine starke Schwellung der äußern Genitalien. Darauf folgt nicht wie beim Säugling eine Urinentleerung. Ich habe aber nie gesehen, daß dabei das Verhalten des Kindes sich verändert hätte, während eine Urinentleerung das Greifen und die Schreitbewegung hemmt und die Reaktivität herabsetzt. Es handelt sich um eine rein körperliche Auswirkung der Sexualhormone, die das Kind von der Mutter erhielt. Es steht in einer Reihe mit andern Erscheinungen, der Brustdrüsenschwellung usw., die die deutsche Schule als

Schwangerschaftsreaktionen, die französische als »puberté précoce« zusammenfaßt. Ich habe auch nie nur eine Andeutung von Onanie gesehen. Die Psychoanalyse hält auch eine Erektion des männlichen Gliedes, das während des Stillens auftreten soll, als den Beweis des libidinösen Charakters des Saugens. Eine Ärztin, selbst Psychoanalytikerin, hat ihre Knaben während des Stillens selbst darauf beobachtet, aber nie eine solche Äußerung der Libido gesehen, wie sie mir persönlich mitteilte.

Fassen wir die Ergebnisse aller Untersuchungen zusammen, so erhalten wir ein ganz anderes Bild vom neugeborenen Kind. Hinter dem Wesen, das schläft und saugt, hier und da auch durch Schreien belästigt, steckt eben der *werdende Mensch* in allen seinen Anlagen. Die Seele ist in ihrer Kompliziertheit schon da und ist kein Trugbild, das erst nach der Geburt durch die Wechselwirkung von Körper, vor allem dessen Nervensystem, mit der Außenwelt entsteht. Es gibt *keine postnatale Psychogenesis,* nur eine Entwicklung. Selbst die höchste seelische Fähigkeit, der Intellekt, ist als Anlage bereits da; sonst könnte das Neugeborene nicht schon, wenn auch selten, seine Erfahrungen verwerten.

Die Seele des Neugeborenen gleicht einer photographischen Platte, die in den frühern Generationen exponiert wurde; wird sie entwickelt, so tritt bald da, bald dort das Bild in einzelnen Fragmenten auf, bis das ganze Bild vor uns ist.

Die Zeitströmung suchte lange den Begriff der Seele aus der exakten Wissenschaft zu entfernen; gilt es doch heute noch in gewissen Kreisen für unwissenschaftlich, überhaupt von Seele zu sprechen. Man sucht einen Ersatz dafür in der chemischen Struktur der Hormone oder in der mikroskopischen Struktur des Gehirns oder in den Reflexen. Ein derartiger Versuch ist auch die Lehre der bedingten Reflexe. Eine nähere Analyse führt aber zu einer psychischen Grundlage: den Assoziationen. Diese durch die sog. Assoziationsfasern des Gehirns erklären zu wollen, wird dem Wesen der Assoziationen nicht gerecht, das man kaum dreidimensional erklären kann.

Allerdings haben die Versuche nicht die Sicherheit wie chemische und physikalische Experimente; alles ist nur mehr oder weniger große *Wahrscheinlichkeit*. Da aber auch die moderne Physik mit Wahrscheinlichkeiten rechnet, kann man dies nicht dazu verwenden, seelische Faktoren als unwissenschaftlich zu diskreditieren. Die naturwissenschaftlichen Methoden, Beobachtung und Versuch, müssen auch in der Psychologie gewissenhaft angewandt werden. Ebenso bedürfen die daraus gezogenen Schlüsse einer gewissenhaften Überlegung; keineswegs aber ist es wissenschaftlich, keine Schlüsse zu tun. Wäre eine moderne Physik möglich, wenn man ihr die Schranken auferlegt hätte, mit denen man psychologische Überlegungen zu hemmen sucht?

Die Frage, ob man von einer Causa finalis sprechen darf, ist durch diese Arbeit so klar bejaht, daß es weiterer Ausführungen nicht bedarf.

# LITERATUR

*Canestrini:* Über das Sinnesleben des Neugeborenen. 1913.
*Gesell:* The Conditioned Reflex and the Psychiatry of Infancy (American Journal of Orthopsychiatry, 1938).
*Halverson:* Studies of the Grasping Responses of Early Infancy (Journal of Genetic Psychology, 1937).
*Höber:* Lehrbuch der Physiologie des Menschen. 1931.
*Kußmaul:* Untersuchungen über das Seelenleben des neugeborenen Menschen. 1859.
*Minkowski:* Zum gegenwärtigen Stand der Lehre von den Reflexen (Schweiz. Archiv f. Neurologie u. Psych., 1924).
*Peiper:* Die Hirntätigkeit des Säuglings. 1928.
— Nervensystem in Brock. Biologische Daten für den Kinderarzt. 1934.
— Säuglingspsychologie (Zeitschr. f. Psychologie, 1936).
*Pratt:* The Neonate in Murchison. A Handbook of Child Psychology. 1933.
— The Organisation of Behaviour in the Newborn Infant in Psychological Review, 1937.
— Problems in the Classification of the Neonate Activity in the Quarterly Review of Biology, 1936.
*Preyer:* Die Seele des Kindes. VII. Aufl., 1908.


*Eigene Publikationen:*

Das erste Erleben des Kindes. Frauenfeld, Verlag Huber, 1933.

Versuche über Geschmack und Geruch am ersten Lebenstag (Jahrbuch f. Kinderheilkunde, 1936).
Der Saugwulst des Neugeborenen (Kinderärztl. Praxis, 1936).
Le goût et l'odorat du nouveau-né (Revue française de pédiatrie, 1936).
Die Einstellreaktion beim Neugeborenen (Jahrbuch f. Kinderheilkunde, 1937).
Les réactions du nouveau-né contre l'enchaînement (Revue française de pédiatrie, 1938).
Das Kriech- und Schreitphänomen der Neugeborenen (Schweiz. Med. Wochenschr., 1938).
Versuche über Reaktionen Neugeborener auf Wärme- und Kältereize (Zeitschr. f. Kinderpsychiatrie, 1939).
Der Fußgreifreflex bei Neugeborenen und Säuglingen (gemeinsam mit meinem Sohn) (Annales paediatrici, 1940).

# Pädagogik und Kinderpsychologie

**Muriel Beadle**
**Begreif doch, was dein Kind begreift**
Anregungen und Einsichten für Mütter, Väter und Erzieher
300 Seiten mit zahlreichen Abbildungen, farb. Einband

**Burghard Behncke**
**Psychoanalyse in der Erziehung**
Die kindliche Entwicklung aus der Sicht psychoanalytisch orientierter Pädagogik
160 Seiten, kart.

**Isabella Bielicki**
**Dein Kind braucht Liebe**
Erfahrungen und Ratschläge einer Psychologin und Kinderärztin
192 Seiten, farb. Einband

**Isabella Bielicki**
**10 Gebote der Elternliebe**
oder wie man Erziehungsfehler rechtzeitig vermeidet
176 Seiten, farb. Einband

**Gerald H. J. Pearson (Hrsg.)**
**Handbuch der Kinder-Psychoanalyse**
Einführung in die Psychoanalyse von Kindern und Jugendlichen nach den Grundsätzen der Anna-Freud-Schule
424 Seiten, Leinen

**Monika Sperr**
**Was wir von unseren Eltern halten**
6- bis 16jährige sagen ihre Meinung
136 Seiten, Paperback

**D. W. Winnicott**
**Die therapeutische Arbeit mit Kindern**
(Therapeutic Consultations in Child Psychiatry)
376 Seiten mit 351 Zeichnungen, kart.

AUS DER TASCHENBUCHREIHE »GEIST UND PSYCHE«

**John Bowlby**
**Mütterliche Zuwendung und geistige Gesundheit**
Nr. 2106

**Michael Fordham**
**Vom Seelenleben des Kindes**   Nr. 2060

**Anna Freud**
**Einführung in die Technik der Kinderanalyse**   Nr. 2111

**Melanie Klein**
**Die Psychoanalyse des Kindes**   Nr. 2109

**Emil Schmalohr**
**Frühe Mutterentbehrung bei Mensch und Tier**   Nr. 2092

**Kurt Seelmann**
**Kind, Sexualität und Erziehung**   Nr. 2089

**Rudolf G. Wormser**
**Drogenkonsum und soziales Verhalten bei Schülern**
Nr. 2116

# Kindler Verlag München